SIGUIENDO A CRISTO

SIGUIENDO A CRISTO

Perdiendo la Vida Por Su Causa

CHARLES H. SPURGEON

Nos encanta escuchar a nuestros lectores. Póngase en contacto con nosotros en la página web www.anekopress.com/questions-comments con cualquier pregunta, comentario o sugerencia.

Siguiendo a Cristo – Charles H. Spurgeon
Edición actualizada de los derechos de autor © 2022
Primera edición publicada en 1897, como Following Christ, o We Endeavor
Todos los derechos reservados. Ninguna parte de este libro puede ser reproducida, almacenada en un sistema de recuperación o transmitida en cualquier forma o por cualquier medio - electrónico, mecánico, de fotocopia, de grabación o de otro tipo, sin el permiso escrito del editor.

A menos que se indique lo contrario, las citas bíblicas están tomadas de La Biblia de las Américas ® (LBLA), derechos de autor © 1986, 1995, 1997 por The Lockman Foundation. Utilizado con permiso. www.Lockman.org.

Traducción: Neyla M. LaSalvia
Edición y Revisión: Rodney LaSalvia

Aneko Press
www.anekopress.com
Aneko Press, Life Sentence Publishing, y nuestros logotipos son marcas comerciales de
Life Sentence Publishing, Inc.
203 E. Birch Street
P.O. Box 652
Abbotsford, WI 54405

RELIGIÓN / Vida Cristiana / Crecimiento Espiritual
Paperback ISBN: 978-1-62245-859-2
eBook ISBN: 978-1-62245-860-8

10 9 8 7 6 5 4 3 2 1

Contenido

Cap. 1: La Necesidad de Seguir a Cristo 1
Cap. 2: Cómo Ir 11
Cap. 3: La Ayuda del Espíritu Santo 21
Cap. 4: Solo Cristo 27
Cap. 5: Gran Fe y Grandes Obras 33
Cap. 6: Siendo Fieles con los Talentos que Ya Nos Ha Dado 43
Cap. 7: El Gozo de la Cosecha del Señor 53
Cap. 8: El Cuerpo Trabaja en Equipo 61
Cap. 9: Un Simple Servidor 67
Cap. 10: Con Dios Nada es Imposible..75
Cap. 11: Debemos Llevar Fruto 81
Cap. 12: Sólo para Su Gloria...87
Cap. 13: Fuego y Martillo...95
Cap. 14: Cuidado con las Zorras..103
Cap. 15: Las Cosas Buenas Toman Tiempo..109
Cap. 16: La Urgencia de Hoy..117
Cap. 17: Abre Tu Boca..125
Cap. 18: La Providencia Ilimitada de Dios..131
Cap. 19: Nuestros Escasos Panes en Manos de Cristo 139
Charles H. Spurgeon – Una Biografía Breve..151
También Por Aneko Press 155

Capítulo 1

La Necesidad de Seguir a Cristo

Y les dijo: Seguidme, y yo os haré pescadores de hombres. (Mateo 4:19)

No puedes tener a Cristo si no le sirves. Si aceptas a Cristo, debes aceptarlo en todas sus cualidades. No debes aceptarlo simplemente como un amigo, sino que también debes aceptarlo como tu Maestro. Si vas a convertirte en Su discípulo, también debes convertirte en Su siervo. Espero que nadie luche contra esta verdad. Servir a nuestro Señor es ciertamente una de nuestras mayores delicias en la tierra, y ésta será nuestra alegre vocación incluso en el mismo cielo: *Y sus siervos le servirán. Ellos verán su rostro* (Apocalipsis 22:3 4).

Este pensamiento también entra en nuestra idea de salvación. Ser salvado significa que somos rescatados de la esclavitud del pecado y llevados a la preciosa libertad de los siervos de Dios. Podemos orar sinceramente: "¡Oh, Maestro, eres un Señor tan glorioso que servirte es la libertad perfecta y el descanso más dulce! Nos has dicho que sería así, y así lo hemos apreciado".

Tomad mi yugo sobre vosotros y aprended de mí, que soy

manso y humilde de corazón, y hallaréis descanso para vuestras almas (Mateo 11:29). Esto es cierto. No es como si el descanso fuera una cosa separada del servicio, porque el mismo servicio se convierte en descanso para nuestras almas. No sé cómo algunos de nosotros tendríamos algún descanso en la tierra si no pudiéramos vivir nuestra vida diaria al servicio de Cristo. El descanso que vemos en el cielo nunca debe ser imaginado como ociosidad o aburrimiento, sino como si se nos permitiera constantemente tener el alto privilegio de servir al Señor.

Aprendan de esto, entonces, todos los que quieran tener a Cristo como su Salvador, que deben estar dispuestos a servirle.

No somos salvos por servirle, sino que somos salvos para servirle.

No somos salvos *por* servirle, sino que somos salvos *para* servirle. Desde el momento en que somos salvos, debemos vivir al servicio de nuestro Señor.

Si nos negamos a ser sus siervos, no somos salvos, pues evidentemente seguimos siendo los siervos del yo y los siervos de Satanás.

La santidad es otro nombre para la salvación. Ser liberado del poder de la voluntad propia, de la dominación de los malos deseos y de la tiranía de Satanás, esto es la salvación. Aquellos que desean ser salvados deben saber que tendrán que servir a Cristo. Los que son realmente salvos se regocijan porque le están sirviendo, y dan evidencia de un corazón cambiado y una mente renovada.

Entonces, ¿te propones a servir a Cristo? Eres una persona joven. Tienes mucho vigor y fuerza, y te dices a ti mismo: "voy a servir a Cristo de alguna manera notable. Trataré de convertirme en un erudito, trataré de aprender el arte de hablar en público, y de una u otra manera glorificaré el nombre de mi Señor por la magnificencia de mi discurso."

¿Lo harías, querido amigo? ¿No es mejor, si vas a servir a Cristo, preguntarle qué es lo que Él quiere que hagas? Si quisieras

LA NECESIDAD DE SEGUIR A CRISTO

hacer algo bondadoso por un amigo, ciertamente querrías saber qué es lo que más le agradaría a ese amigo, o de lo contrario tu bondad podría estar equivocada, y podrías estar haciendo aquello que causaría dificultades en lugar de ayudar. Escúchame. Tu Señor y Maestro no requiere que te conviertas en un erudito o en un orador para servirle. Podrías llegar a ser ambas cosas en tu carrera, pero antes que nada Él dice, *Si alguno me sirve, que me siga* (Juan 12:26). Más que nada, Jesús desea que sus siervos lo sigan. Si lo hacemos, le serviremos de la manera que es de su propia elección. Observo que muchos buenos amigos quieren servir a Cristo estando en el peldaño más alto de la escalera. No se puede llegar allí de un solo paso, mi joven amigo.

Una mejor manera sería servir a Cristo siguiéndolo, haciendo la siguiente cosa que puedas hacer, esa pequeña cosa sencilla que puedes hacer y que no te traerá ningún honor especial, pero que, sin embargo, es lo que tu Señor desea de ti. En efecto, puedes oírle decir: "Si alguien quiere servirme, que me siga, no aspirando a grandes cosas, sino simplemente haciendo la obra que yo le ponga delante en ese momento." ¿Buscas para ti grandes cosas? dijo el profeta Jeremías a Baruc. *No las busques* (Jeremías 45:5). Yo a ti te digo lo mismo.

Un amigo podría ser bendecido con grandes riquezas y decir: "Seguiré obteniendo más hasta que adquiera una cantidad muy grande, y entonces construiré apartamentos para los pobres, daré mucho dinero a algún nuevo esfuerzo misionero en el extranjero, o construiré una gran iglesia en la que se predicará el nombre de Cristo". Dios no querrá impedirte hacer algo bueno, pero si quieres hacer lo que es absolutamente seguro para complacer a Cristo, no te recomendaría la selección de ningún objeto en particular, sino que te aconsejaría simplemente hacer esto: ¡síguelo! recordando que Él dijo: *Si alguno me sirve, que me siga.*

Si simplemente caminas detrás de tu Maestro, siguiendo sus pasos y siendo realmente su discípulo, harás lo que le agrada más que si pudieras donar a su causa todo un montón de riquezas. Esto es lo que Él elige como la mejor prueba de tu amor y el mejor testimonio de tu consideración hacia Él: *Si alguno me sirve, que me siga.* Él requiere de ti que te vuelvas como un niño pequeño para que puedas ser enseñado por Él. Sus propias palabras son, *Si no os convertís y os hacéis como niños, no entraréis en el reino de los cielos* (Mateo 18:3). Si quieres ser un siervo de Cristo, acércate a él como un niño pequeño; siéntate ante él y deja que te enseñe los principios básicos del evangelio.

Si alguno me sirve, que me siga. "Debes seguirme como Mi discípulo, considerándome como tu maestro, ante el cual inclinas tu entendimiento y toda tu mente para que pueda formarlos según Mi propia voluntad". Este es el lenguaje de nuestro Señor, y quiero inculcarles muy firmemente a todos ustedes, y especialmente a los que están comenzando la vida cristiana. Si tienen la intención de servir a Jesús, hagan que su mente sea como una tabla de cera bajo su estilete, para que Él pueda escribir en ustedes lo que le plazca. Sé la pizarra de Cristo, para que Él pueda dejar su marca en ti. Sé su hoja de papel en la que pueda escribir sus letras vivas de amor. Puedes servirle de este modo de la mejor manera posible.

Haced todo lo que Él os diga (Juan 2:5). Si realmente quieres servir a Cristo, no hagas lo que tu o el mundo te sugiere, sino haz lo que Él te ordena. Recuerda lo que Samuel le dijo a Saúl: *el obedecer es mejor que un sacrificio, y el prestar atención, que la grosura de los carneros* (1 Samuel 15:22). Creo que la profesión de consagración a Dios, cuando va acompañada de una acción que me sugiero a mí mismo, puede no ser más que un culto a la voluntad, una abominación a los ojos de Dios; pero cuando alguien dice al Señor: "¿Qué quieres que haga? Muéstrame,

Maestro mío, lo que tienes para mí", cuando hay un verdadero deseo de obedecer cada mandato de Cristo, entonces existe el verdadero espíritu de servicio y el verdadero espíritu de ser hijo.

"Si alguien quiere servirme, que me siga, corriendo a mi llamada, siguiendo mis pasos, esperando a mis pies para hacer todo lo que yo quiera". Esto hace que la vida sea mucho más sencilla de lo que algunos imaginan. No tienes que ir y esculpir una estatua de mármol por el ejercicio de tu propio genio; si esa fuera la tarea que se nos plantea, la mayoría de nosotros nunca la realizaría. Sólo tienes que ir y escribir según el propio ejemplo de Cristo, copiar sus letras, los trazos hacia arriba y hacia abajo, y escribir exactamente como Él ha escrito.

El otro día me pidieron que firmara con mi nombre una escritura, y cuando me la entregaron, dije: "¡Ya he firmado con mi nombre!".

"Sí", dijo el que lo trajo, "tienes la fácil tarea de escribirlo todo de nuevo". En ese caso, simplemente tracé mi propia escritura; y tú tienes la fácil tarea de escribir después de Cristo, trazando de nuevo las letras que Él mismo ha hecho, y no puedes servirle mejor que esto. Jesús dice: "Si alguien quiere servirme, que me siga. Que haga justo lo que le pido que haga. Sígame imitando mi ejemplo".

Siempre es seguro hacer lo que Jesús habría hecho en las mismas circunstancias en las que te encuentras. Por supuesto, no puedes imitarlo en su obra milagrosa, y no se te pide que le imites en algunos de esos aspectos dolorosos en los que sufrió para que nosotros no sufriéramos, pero la vida ordinaria de Cristo es en todos los aspectos un ejemplo para nosotros. Nunca hagas lo que no podrías suponer que Jesús hubiera hecho.

Si se te ocurre que el curso de acción que se te sugiere no sería como el de Cristo, entonces no es cristiano, porque el cristiano debe ser como Cristo. El cristiano debe ser la flor que crece de Cristo, la semilla; y siempre hay un vínculo correcto entre la flor y la semilla de la que crece. Mantén tus ojos fijos en tu ejemplo y patrón celestial, y busca en todas las cosas imitar siempre a Jesús. Si quieres servir a Cristo, repite su vida lo más posible en tu propia vida. "Si alguien quiere servirme, que me siga copiando mi ejemplo".

No necesitas huir de tu padre y de tu madre, dejar tu casa y tus amigos, e irte a África para servir a Jesús. No es tener una idea superficial en tu propia mente y llevarla a cabo según tus propias nociones y pensamientos lo que constituye el servicio a Cristo. Es simplemente esto: Si alguien quiere servir a Cristo, que siga a Cristo. Que ponga su pie lo más cerca posible de donde Cristo puso su pie. Que siga los pasos de Cristo y sea movido por Sus principios. Que sea motivado por Sus motivos, que viva con Sus propósitos y que copie Sus acciones. Esta es la manera más noble de servir al Señor.

Si alguno me sirve, que me siga; y donde yo estoy, allí también estará mi servidor (Juan 12:26). No conozco a ningún otro amo, excepto Jesucristo, que haya dicho eso. Hay algunos lugares donde un amo terrenal no quiere que su siervo esté. Él debe tener algún tiempo para sí mismo. El tiene algunas cosas que hacer que no puede explicar a su siervo.

Si quieres caminar con Dios, entonces debes caminar.

Tiene algunos asuntos en los que su siervo no debe entrometerse. Pero el Señor Jesucristo hace el glorioso privilegio de todos los que entran a Su servicio de que donde Él está, allí estará también Su siervo.

Pero, ¿dónde está Cristo? Él está y siempre estuvo en el lugar de comunión con Dios. Siempre estuvo cerca de su Padre. A menudo hablaba con Dios. Siempre tuvo la alegría de Dios llenando su espíritu. Tal vez te estés diciendo a ti mismo: "Me gustaría tener comunión con Dios". Pues bien, a través de Jesucristo, se puede tener sirviéndole en esa clase particular de servicio que consiste en seguirle.

LA NECESIDAD DE SEGUIR A CRISTO

Si quieres caminar con Dios, entonces debes caminar. Si te quedas sentado en la ociosidad, no puedes caminar con Él. Si no mantienes un buen ritmo, Él caminará delante de ti y te dejará atrás, pues el Señor no es rezagado en Su caminar. Por lo tanto, anda, debe haber un progreso diligente y una actividad en el servicio a Él para que podamos mantener el paso con Él y tener comunión con Él. Si vivimos así aquí, Él nos ha prometido que estaremos en el lugar de la comunión con nuestro bendito Maestro.

Nuestro Señor Jesucristo se puso a trabajar con confianza. Siempre que Cristo iba a trabajar, lo hacía con seguridad. Nunca tuvo una duda en cuanto a su éxito final. Ninguna obra al azar salió jamás de sus manos. Él hablaba con certeza, y trabajaba con la plena seguridad de que su labor no sería en vano. Si quieres tener confianza en tu trabajo para Cristo, de tal manera que lo realices sin dudas ni temores, tendrás que obtenerla sirviéndole, y servirle siguiéndole; entonces tú también llegarás a ese lugar sagrado de confianza donde tu Maestro siempre estuvo.

Es muy dulce notar cómo el Señor Jesús introduce a Su Padre en Su discurso; es como si dijera: "Cuando una persona se une a Mí, se une también a Mi Padre. No sólo Yo lo amaré y haré lo mejor para honrarlo, sino que Mi Padre, el gran y siempre bendito Señor sobre todo, mantiene la mirada en esa persona". ¿A quién mira Él con esta mirada de aprobación? No a los que tienen una gran intención de servirse a sí mismos, sino a los que sirven a Cristo y lo hacen siguiéndole a Él.

Es grato tener el sentimiento de la aprobación de Dios, como nunca lo tuviste cuando tuviste la aprobación de la gente. A veces, cuando incluso la gente cristiana grita: "Bien hecho, bien hecho", el Señor dice: "Eso es suficiente alabanza para él; no le daré mi 'Bien hecho' ". Pero cuando no obtienes ningún "Bien hecho" de los hombres, sino que, por el contrario, eres malinterpretado y tergiversado, entonces el Señor viene y pone Su mano sobre ti, y dice: "Sé fuerte, no temas, porque he aceptado tu servicio. Conozco tu motivo y apruebo tu acción. No tengas miedo de ellos, sino sigue tu camino". Una aprobación así es el mayor honor que podemos tener aquí. *Si alguno me sirve, el Padre lo honrará* (Juan 12:26), dijo Jesús, con un sentido de hijo y con un sentido de aprobación.

Si alguien sirve a Cristo siguiéndolo, el Padre le dará honor a los ojos de la familia comprada con sangre. Hay ciertos miembros del pueblo del Señor que no llevan cintas métricas consigo, sino que llevan balanzas y pesas, y no miden por la cantidad, sino que miden por la calidad; su aprobación vale la pena. A menudo son los miembros más pobres y afligidos de la iglesia, pero siendo los más instruidos y viviendo lo más cerca de Dios, ser tenido en honor por ellos es algo que vale la pena tener.

Creo que si alguien vive la vida de un cristiano, por pocos que sean sus talentos, y si su servicio radica en la estrecha obediencia a Cristo y en la imitación de Cristo, los verdaderos santos, no meramente los que profesan ser cristianos, y especialmente no los mundanos entre ellos, sino los verdaderos santos dirán: "Ese es el hombre para nosotros; esa es la mujer con la que nos gusta estar y tener discusiones y orar". Aquellos que realmente sirven al Señor siguiéndolo son tenidos en honor por aquellos que se reúnen con ellos en la mesa de su Señor.

Entonces, cuando lleguemos a morir, o cuando estemos en el tribunal de Cristo, o cuando entremos en el estado eterno, ¡qué cosa tan gloriosa será encontrar al Padre dispuesto a honrarnos para siempre porque servimos al Hijo! Nuestra recompensa no será por deuda, sino por gracia (Romanos 4:4). Es la gracia la que nos dio la capacidad de servirle, y es la gracia la que nos recompensará por nuestro servicio. Ningún hombre o mujer servirá al Señor Jesucristo aquí en la tierra siguiéndolo sin encontrar que el Padre tiene algún honor especial, alguna recompensa rica y rara, para darles a tales soldados a su debido tiempo.

Este es el día de la batalla. No esperes ahora más que balas, magulladuras, heridas y cicatrices; pero la batalla terminará pronto, y cuando la guerra haya terminado, el Rey vendrá y cabalgará por las filas, y en ese día tú, que has sido el más golpeado y el más herido en la batalla, lo verás detenerse cuando llegue a ti, y te fijará una estrella que será más honor para ti que todas las medallas de honor que han condecorado a los hombres valientes aquí abajo. Las recompensas y los honores terrenales son para los que los quieren, pero bienaventurados son los que brillarán como las estrellas en el reino de nuestro Padre. Este honor será obtenido por aquel creyente que sirva fielmente a su Señor, y no por aquellos que simplemente hablan de ello, sueñan con ello o tienen la intención de hacerlo. Este honor será dado a aquellos que sirvan a Jesús siguiéndolo.

Capítulo 2

Cómo Ir

Y ellos salieron y predicaron por todas partes, colaborando el Señor con ellos. (Marcos 16:20)

Me gusta la idea de que Cristo sea llevado al cielo porque su trabajo está terminado, y que su pueblo sea dejado en la tierra porque todavía hay trabajo que hacer. Si pudiéramos dejar esta tierra para ir al cielo, ¡qué lástima sería si lo hiciéramos mientras hay una sola alma que salvar! Creo que si no hubiera traído a Cristo todo el número de joyas que Él pretendía que trajera para adornar su corona, pediría volver de nuevo, incluso desde el cielo. Él sabe mejor dónde podemos servirle mejor, así que ordena que, mientras Él está sentado a la diestra de Dios, nosotros permanezcamos aquí y salgamos a predicar por todas partes, el Señor trabajando con nosotros.

Los discípulos trabajaron **arduamente**. Ellos fueron. Algunos de ellos necesitaron quedarse un tiempo en Jerusalén, aunque aquel viejo nido fue finalmente derribado. No quedó ni un palo de él, y ese mismo árbol sobre el que se construyó fue cortado. La persecución hizo que la mayoría se alejara cada vez más de

Jerusalén. No sabemos a dónde fueron todos. Hay tradiciones, que no son muy valiosas, para mostrar a dónde fue cada uno de los apóstoles, pero es bastante seguro que todos se fueron a un lugar o a otro. Partiendo de un centro común, fueron en varias direcciones predicando a Cristo. Trabajaron. Fueron y predicaron.

Los discípulos no dijeron: "Bueno, el Maestro se ha ido al cielo, los propósitos eternos de Dios se llevarán a cabo con toda seguridad, y no es posible que los designios del amor infinito fracasen, especialmente porque Él está al lado del Padre; por lo tanto, disfrutemos espiritualmente. Sentémonos en la feliz posesión de las bendiciones del pacto y cantemos a gusto por todo lo que Dios ha hecho por nosotros y nos ha dado. Él llevará a cabo sus propios propósitos, y nosotros sólo tenemos que quedarnos quietos y ver la salvación de Dios".

No, no les correspondía juzgar lo que debían hacer. Cuando se les dijo que se quedaran en Jerusalén, se quedaron en Jerusalén. Hay tiempos de espera, pero en la medida en que el Maestro les había ordenado ir a todo el mundo y predicar el evangelio a toda criatura, ellos también, cuando llegó el momento, fueron a todo el mundo y comenzaron a predicar en todas partes el evangelio que habían aprendido a los pies de Jesús.

No nos corresponde a nosotros juzgar lo que nos parece más razonable, y mucho menos lo que sería más cómodo. Nuestro deber es hacer lo que se nos ordena, cuando se nos ordena y porque se nos ordena, pues somos siervos y no señores. No es sabio planear los procedimientos incluso de un solo día por nuestra cuenta, sino tomar nuestra dirección de Aquel que es nuestro guía y líder, y seguirlo en todas las cosas.

Hay algunos que no asisten a la iglesia todo el tiempo porque están trabajando para Cristo de una manera u otra. Están trabajando en alguna estación misionera, o tratando de abrir una nueva sede para la predicación, o haciendo alguna otra cosa para el Maestro; ¡que el Señor los bendiga! No quiero que toda la gente salga al mismo tiempo, pero sí quiero que todos sepan que, aunque sea el comienzo, no es el final ni la cima de la vida cristiana venir a escuchar sermones.

Esparzan la bendición de la verdad de Dios tan ampliamente como puedan. En el momento en que encuentres la luz y te des cuenta de que el mundo está en la oscuridad, toma tu luz y compártela con alguien más. Alégrate de tener la luz tú mismo, pero si Dios te da una vela y todo lo que haces es encerrarte en una habitación, sentarte y decir: "¡Dulce luz! Tengo la luz mientras todo el mundo está a oscuras; ¡dulce, dulce luz!", tu vela pronto se consumirá, y tú también estarás a oscuras. Sin embargo, si vas a otros y dices: "Tendré tanta luz si te doy un poco a ti", por este medio Dios el Espíritu Santo derramará sobre ti nuevos rayos de luz, y brillarás más y más, incluso hasta el día perfecto.

Debemos tratar de llevar a los pecadores a Jesús, ya sea que ofendamos a la gente o que la complazcamos.

Ellos salieron. Me gustaría que a algunas personas que conozco les quemaran sus pequeñas y seguras capillas. Han permanecido fuera del camino en una calle lateral durante los últimos cien años. Son almas buenas, y deberían serlo. Deberían estar ya maduras después de tanto tiempo dentro; pero si salieran a la calle, podrían hacer mucho más bien del que ya hacen actualmente.

"¡Oh, pero hay un viejo diácono al que no le gusta la predicación en la calle!" Lo conozco muy bien; pronto se irá al cielo. Entonces, tan pronto como haya terminado su sermón fúnebre, salgan a la calle y comiencen de alguna manera a dar a conocer a Cristo. ¡Oh, derribar toda barrera y deshacerse de toda restricción que oculte el bendito evangelio! Tal vez debamos respetar un poco los sentimientos de estos queridos viejos creyentes, pero no tanto como para dejar que las almas mueran; debemos tratar de llevar a los pecadores a Jesús, ya sea que ofendamos a la gente o que la complazcamos.

Estos discípulos salieron **prontamente**, porque aunque no hay una palabra aquí sobre el tiempo, está implícito que tan pronto como la hora había llegado y el Espíritu Santo había descendido de Cristo y descansado sobre ellos, salieron y predicaron la palabra en todas partes. Tristemente, ¡demasiado a menudo "vamos" a hacer algo! Si hiciéramos una décima parte de lo que decimos que vamos a hacer, ¡se podría lograr mucho más! Salieron. No hablaron de salir, sino que salieron. No esperaron a recibir instrucciones de los apóstoles sobre dónde debían ir, sino que el Señor guió a cada hombre, y cada uno siguió su camino, predicando el evangelio de Jesucristo.

Ustedes creen en el Evangelio, y creen que la gente perece por falta de él; por lo tanto, les ruego que no se detengan a considerar y no esperen a contemplar más. La mejor manera de difundir el evangelio es predicar el evangelio. Creo que la mejor manera de defender el evangelio es difundirlo.

Ellos sirvieron a su Maestro **obedientemente**. Salieron y predicaron. Supongamos que salieron y dieron un concierto de música. Supongamos que hubieran salido y celebrado una reunión que fuera en parte divertida y entretenida, con un poco de historia moral añadida al final de la misma. Habríamos estado en la oscuridad del paganismo hasta el día de hoy. No hay nada que realmente sirva para la predicación del evangelio, excepto la predicación.

Por predicación quiero decir, como ya he dicho, no sólo subir al púlpito y pronunciar un discurso, sino hablar de Cristo, hablar de Él como resucitado de entre los muertos, como el juez de los vivos y de los muertos, como el gran sacrificio expiatorio, el único mediador entre Dios y los hombres. Es predicando a Jesucristo como se salvan los pecadores. *Agradó a Dios, mediante la necedad de la predicación, salvar a los que creen* (1 Corintios 1:21).

Independientemente de lo que se diga fuera de la Biblia sobre la predicación, basta con acudir a la propia Palabra de Dios para encontrar que es una ordenanza divina y ver cómo el Señor la convierte en el principal medio de nuestra salvación. La Predicación es el arma que seguirá ganando la batalla, aunque muchos han tratado de silenciarla. Han tenido toda clase de nuevos inventos y estrategias, pero cuando todos sus inventos hayan tenido su día y hayan resultado inútiles, pueden estar seguros de que la proclamación del nombre, el evangelio y la obra de Jesucristo entre la humanidad serán eficaces después de que todo lo demás haya fracasado.

Salieron a predicar. No se dice que salieron a discutir, o que salieron a escribir manuales de apologética de la fe cristiana. No, salieron y proclamaron la Palabra de Dios. Hablaron de la verdad como una revelación de Dios. En el nombre de Jesucristo, exigieron que la gente creyera en Él, y los dejaron, si no creían, con el claro entendimiento de que iban a perecer en su incredulidad. Lloraban por ellos y les suplicaban que creyeran en Jesús. Estaban seguros de que todo aquel que creyera en él encontraría la vida eterna por medio de su nombre. Esto es lo que debería hacer toda la iglesia de Cristo, y hacerlo de inmediato, y seguir haciéndolo con todas sus fuerzas, incluso hasta el fin de los tiempos.

Hay una expresión más: **a todas partes**. Uno de nuestros grandes escritores, en una carta muy divertida que escribió a alguien que había pedido una contribución para la eliminación de la deuda de una capilla, preguntó por qué no podemos predicar a Cristo detrás de los arbustos y en las zanjas, en los campos en lugar de en los edificios de la iglesia. Por supuesto que podemos predicar al aire libre, y debemos hacerlo, siempre que no llueva demasiado. ¿No podemos predicar a Jesucristo en una esquina? Por supuesto que sí; sin embargo, en un clima como el nuestro, a menudo necesitamos edificios en los que podamos adorar a Dios, pero nunca debemos caer en la idea de confinar nuestra predicación al edificio.

Ellos salieron a predicar por todas partes. Algunas personas se quejaron de John Wesley por no limitar su predicación al área de su iglesia, o su parroquia. Wesley insistía en que lo hacía, pues decía que todo el mundo era su parroquia; y todo el mundo es la parroquia de cada hombre. Hagan el bien en todas partes, dondequiera que esten. Algunos de ustedes van a ir al mar o a otro lugar de vacaciones; no vayan sin un montón de folletos del evangelio, y no vayan sin buscar una oportunidad, cuando estén sentados en la playa o en cualquier otro lugar, para hablar a la gente sobre el Señor Jesucristo.

Un hombre que conocí no tenía nada particular que hacer, excepto ir a sentarse en un asiento en Hyde Park y hablar allí con los hombres y mujeres que venían y se sentaban. Les decía que tenía un banco en el Tabernáculo,[1] y les prestaba su boleto para que tuvieran un lugar cómodo; luego se ocupaba, después del sermón, de hablarles de Cristo. Decía: "Yo mismo no puedo predicar, pero puedo llevar a la gente a escuchar a mi ministro, y puedo pedirle a Dios que los bendiga cuando vengan".

Vi a otro hermano que salía de su casa a las 8 de la mañana todos los domingos. Hay, o había, miembros de la iglesia que caminaban doce millas cada domingo por la mañana para escuchar el evangelio, y luego volvían a caminar a sus casas por la noche. Este hermano comienza a las 8:00 a.m. y pone uno de mis sermones en cada uno de los buzones de un determinado distrito mientras camina.[2] Así aprovecha su larga caminata,

---

1 El Tabernáculo Metropolitano era la iglesia de Londres donde predicaba Spurgeon. Los miembros podían alquilar un banco y se les daban entradas para utilizarlo. La gente también podía asistir al Tabernáculo Metropolitano sin tener una entrada, por supuesto.

2 Nota original del editor: En los Estados Unidos, no es legal poner nada en los buzones de otras personas y sugerimos que se busque un lugar alternativo para dejar materiales de evangelización.

y en el transcurso del año hace circular muchos miles de sermones. ¡Qué manera tan excelente ha encontrado de pasar la mañana del domingo! Habiendo hecho ese servicio para su Señor, disfruta aún más del Evangelio por lo que él mismo ha hecho al darlo a conocer a los demás.

Recuerdan el pasaje en el que se dice que *somos colaboradores de Dios* (1 Corintios 3:9). ¿No es misericordioso y bondadoso por parte del Señor permitirnos venir y trabajar con Él? Sin embargo, me parece aún más lleno de gracia que Dios venga y trabaje con nosotros, porque nuestro servicio es tan pobre, débil e imperfecto, y sin embargo Él lo hace – *colaborando el Señor con ellos* (Marcos 16:20). El Señor está trabajando con esa querida hermana que, cuando enseña su clase de escuela dominical, siente que no es apta para ello. Está trabajando con ese hermano que, cuando predica, piensa que no ha predicado nada y está medio inclinado a no volver a intentarlo. Oh, sí, *colaborando el Señor con ellos*, así como eran ellos hicieron, pescadores, mujeres humildes y otros. Es maravilloso cómo Dios se acerca a nosotros.

> ¿No es misericordioso y bondadoso por parte del Señor permitirnos venir y trabajar con Él?

El Espíritu Santo tomó lo que ellos dijeron y lo hizo divinamente poderoso. Por muy débilmente que lo pronunciaran según el juicio de los hombres, había un poder secreto interior que acompañaba sus expresiones y obligaba a los corazones de los hombres y mujeres a aceptar el bendito llamamiento de Dios. Creo que cuando buscamos servir a Cristo, a menudo no sabemos cuán maravillosamente Dios está trabajando con nosotros.

Tengo un ejemplo. Había un cierto sector del que oí que había mucha necesidad del evangelio, y que había muchas personas en ese sector que eran tan ignorantes del camino de la salvación como los que nunca habían oído hablar de la Biblia. Las diversas iglesias parecían llegar sólo a una proporción muy pequeña de la gente. Un hermano visitó el vecindario por mí, y yo oré muy fervientemente para que sus visitas fueran bendecidas. Es muy interesante que mientras yo pensaba en ese barrio, había ciertas personas cristianas cercanas que pensaban en mí y anhelaban que el evangelio fuera llevado a sus vecinos.

Después de haber pensado un poco en este asunto, recibí una carta de ellos diciendo cuánto deseaban que alguien viniera a trabajar para el Señor entre ellos. Me dije: "Esto es extraño. He conocido este barrio durante años, y sin embargo nunca he notado que nadie me quisiera a mí o a mi mensaje; pero en el momento en que empiezo a moverme hacia la gente, ellos empiezan a moverse hacia mí." No puedes saberlo si no tienes una historia similar que contar. Hay una calle a la que te sientes movido a ir a trabajar; Dios se ha adelantado a ti. ¿No recuerdas cómo, cuando sus hijos tuvieron que ir a destruir a los cananeos, el Señor envió el avispero delante de ellos? *Envié delante de vosotros avispas que expulsaron a los dos reyes de los amorreos de delante de vosotros* (Josué 24:12). Ahora, cuando tienes que ir a predicar a los pecadores, Dios envía algún trabajo preparatorio antes de ti; Él está seguro de hacerlo.

En otros casos, Dios trabaja después. A veces es inmediatamente después, y otras veces, es años después. Hay diferentes tipos de semillas en el mundo. Las semillas de algunas plantas y árboles, a menos que pasen por un proceso peculiar, no crecerán durante años. Hay algo en ellas que las conserva intactas durante mucho tiempo, pero a su debido tiempo brota el germen de la vida. De la misma manera, hay ciertos tipos de personas que no captan la verdad en el momento en que es pronunciada, y permanece oculta en sus almas hasta que un día, bajo circunstancias peculiares, recuerdan lo que escucharon, y comienza a afectar sus corazones.

Si trabajamos y Dios trabaja con nosotros, ¿qué es lo que no podemos esperar? Por lo tanto, la gran necesidad de cualquier trabajador cristiano es que Dios trabaje con él, y por lo tanto, debe ser nuestra confesión diaria que necesitamos que Dios trabaje con nosotros. Siempre debemos darnos cuenta de que no somos nada aparte de Su obra. No debemos pretender alabar al Espíritu Santo hablando de vez en cuando sobre Él, como si fuera lo correcto decir que por supuesto, el Espíritu Santo debe trabajar. Debe ser un hecho absoluto para nosotros que el Espíritu Santo debe obrar, tanto como lo sería para un molinero que sus velas no podrían girar sin el viento;[3] y entonces debemos actuar como lo hace el molinero. Él pone sus velas y trata de atrapar el viento de cualquier dirección que sople, y nosotros debemos tratar de trabajar de tal manera que el Espíritu Santo pueda bendecirnos.

No creo que el Espíritu Santo bendiga cualquier acto de servicio realizado incluso por personas bien intencionadas, porque si lo hiciera, parecería como si hubiera puesto su sello a algo que no estuviera de acuerdo con la mente del Señor. Actuemos de tal manera en nuestro trabajo que nunca haya ni siquiera la mancha de un pulgar sucio en la página, y nada de orgullo, egoísmo o ira. Por el contrario, dejemos que todo lo que hagamos lo hagamos con humildad, en dependencia de Dios y con fe, y siempre con un espíritu santo y bondadoso, de modo que podamos esperar que el Espíritu Santo se encargue de ello y lo bendiga. Eso implicará, por supuesto, que todo debe hacerse en oración, porque nuestro Padre Celestial da el Espíritu Santo a quienes se lo piden (Lucas 11:13); y debemos pedir esta mayor de las bendiciones, que Dios el Espíritu Santo trabaje con lo que hacemos para Él.

Entonces debemos creer en el Espíritu Santo, y creer al máximo, para no desanimarnos nunca ni pensar que algo es demasiado difícil. ¿Hay algo demasiado difícil para el Señor? (Génesis 18:14). ¿Puede haber algo difícil para el Espíritu Santo?

---

3   Esto se refiere a un molinero, uno que muele el grano, y a las velas, o palas, de su molino de viento.

A menudo es algo imponente meterse en aguas profundas para verse obligado a nadar, ya que nos gusta mantener los pies tocando la arena. Qué misericordia es sentir que no puedes hacer nada, pues entonces debes confiar en Dios y sólo en Dios, creyendo que Él está a la altura de cualquier emergencia. Así, confiando y haciendo su voluntad, no fracasaremos. Ven, Espíritu Santo, y trabaja con todo tu pueblo ahora. Ven y estimúlanos a trabajar, y cuando estemos estimulados con santa energía, entonces trabaja con nosotros.

Capítulo 3

La Ayuda del Espíritu Santo

Pero el Consolador, el Espíritu Santo, a quien el Padre enviará en mi nombre, Él os enseñará todas las cosas, y os recordará todo lo que os he dicho. (Juan 14:26)

Tengan fe en Dios, y nunca dejen que el descubrimiento de su propia debilidad haga tambalear su firme convicción de que *para Dios todo es posible* (Mateo 19:26). Me parece que es una fuente de consuelo y un almacén de fuerza. No limiten al Santo de Israel, ni conciban al Espíritu Santo como confinado y obstaculizado por las dificultades que surgen en la naturaleza humana caída. Ninguna situación que le traigas con lágrimas afectuosas y con una fe ferviente en Jesús será jamás descartada como incurable. Nunca hay que perder la esperanza, porque el Señor de los ejércitos está con nosotros.

A veces nos preocupamos por la dureza del corazón de las personas. Los que trabajan para el Señor son los que más saben de esto. Si alguien piensa que puede cambiar un corazón por su propio poder, que lo intente con quien quiera, y pronto estará perdido. "El viejo Adán es demasiado fuerte para el joven Melanchthon"[4]. Nuestro brazo tembloroso no puede hacer rodar la piedra de la depravación natural.

Entonces, ¿qué? El Espíritu del Señor no es impaciente, ni está limitado. ¿Es impaciente el Espíritu del *Señor*? ¿*Son estas sus obras*? (Miqueas 2:7). Te he oído gritar: "¡Ay! He tratado de ayudar a un alcohólico a recuperarse, pero ha vuelto a su alcohol" Sí, te ha vencido, pero ¿es el Espíritu del Señor insuficiente? Clamas: "Pero él firmó el compromiso de abstenerse del alcohol, y ¿sin embargo lo rompió"? Es muy probable que *sus* ataduras al vicio estén rotas; pero, ¿está confiando en el Espíritu del Señor? ¿No puede Él renovar el corazón y desechar el amor al pecado? Cuando el Espíritu de Dios trabaja con su ayuda, la persona que se ha convertido cumplirá su promesa.

"¡Ay!" clama otro, "esperaba haber rescatado a una mujer involucrada en la prostitución, pero ha vuelto a su iniquidad". Esto no es algo inusual en quienes están involucrados en ese pecado, pero ¿acaso el Espíritu del Señor está refrenado? ¿No pudo Él salvar a la mujer que era pecadora? ¿No puede Él crear un amor sobrecogedor hacia Jesús en su espíritu perdonado?

Nosotros estamos desconcertados, pero el Espíritu no. ¡Qué vasos tan estrechos y superficiales somos! ¡Qué pronto nos encontramos vacíos! Nos levantamos el domingo por la mañana y nos preguntamos dónde encontraremos fuerzas para el día. ¿No suspiras: "No creo que pueda enseñar mi clase de escuela dominical hoy con alguna esperanza de enseñar con poder; estoy tan terriblemente abatido y desanimado; me siento atolondrado y tengo poco pensamiento y sentimiento"? En tal caso, pregúntate, ¿Está limitado el Espíritu del *Señor*? Él te ayudará. Quieres hablarle a alguien sobre su alma, pero temes que no lleguen las palabras adecuadas. Olvidas que Él ha prometido darte lo

---

4   Se dice que esta fue la respuesta dada por el amigo y compañero de reforma de Martín Lutero, Philipp Melanchthon (1497-1560), después de que Melanchthon intentara predicar la verdad de Dios en el poder de la carne.

que debes hablar. "¿Es insuficiente el Espíritu del Señor?" ¿No puede Él preparar tu corazón y tu lengua? Por supuesto que puede, el Espíritu del Señor no está limitado. Esa promesa sigue siendo nuestro deleite, *Bástate mi gracia* (2 Corintios 12:9). Es una alegría hacerse débil para poder decir con el apóstol, *porque cuando soy débil, entonces soy fuerte* (2 Corintios 12:10). He aquí que la fuerza del Señor se revela gloriosamente y a la perfección en nuestra debilidad. Vengan, obreros débiles, obreros desmayados, vengan y regocíjense en el Espíritu ilimitado. Vengan, ustedes que parecen arar la roca y labrar la arena, vengan y aférrense al hecho de que el Espíritu del Señor es omnipotente. Ninguna roca permanecerá intacta cuando Él mueva el martillo; ningún metal será duro cuando Él sea el fuego. Nuestro Señor aún pondrá su Espíritu dentro de nosotros y nos revestirá con su poder según su promesa, y *como tus días serán tus fuerzas* (Deuteronomio 33:25 RV60).

> Si no hay conversiones, no podemos recurrir al Espíritu de Dios y echarle la culpa.

Algunas personas han dicho: "Sí, pero entonces, ¡mira qué pocas conversiones hay hoy en día! Muchas iglesias tienen poca asistencia, y tenemos otras en las que apenas hay conversiones desde el principio del año hasta el final." Todo esto es innegable, y se admite con gran pesar; pero ¿se refrena el Espíritu del Señor? ¿Son estas sus obras? (Miqueas 2:7).

¿No podemos encontrar alguna otra razón mucho más cercana a la verdad? Si no hay conversiones, no podemos recurrir al Espíritu de Dios y echarle la culpa. ¿Se ha predicado a Cristo? ¿Se ha ejercido la fe? El predicador debe asumir su parte de culpa; la iglesia con la que está conectado debe también preguntar si ha existido ese grado de oración para una bendición sobre la Palabra que debería haber habido. Los cristianos deben empezar a mirar en sus propios corazones para encontrar la razón de la derrota.

Si la obra de Dios se ve obstaculizada en nuestro medio, podría haber algún pecado secreto no confesado dentro de nosotros que impida la operación del Espíritu de Dios. Dios podría verse obligado por la propia santidad de su carácter a negarse a trabajar con un pueblo impío o incrédulo. ¿Nunca has leído, *No hizo muchos milagros allí a causa de la incredulidad de ellos* (Mateo 13:58)? La incredulidad puede estar convirtiendo una tierra fructífera en estéril. El Espíritu mismo no está limitado en su poder, pero nuestro pecado ha hecho que se esconda de nosotros. La falta de conversiones no se le puede achacar a Él. No hemos salido con su fuerza. Nos sacudimos con disgusto el más mínimo pensamiento que pudiera culpar al Espíritu del Altísimo. Para nosotros es la vergüenza y la confusión de la cara, como en aquel día (ver Daniel 9:7).

> Muchos de nosotros podríamos haber logrado grandes cosas para el Señor si hubiéramos puesto nuestro corazón en ello.

También se dice que hay una falta general de poder mostrada por los cristianos individuales. ¿Dónde están hoy los hombres como Elías que pueden subir a la cima del Monte Carmelo y cubrir los cielos con nubes? ¿Dónde están los hombres con el don apostólico que convierten a las naciones? ¿Dónde están los héroes y los espíritus mártires de los mejores tiempos? ¿No hemos caído en una época de hombres insignificantes que se atreven poco y hacen poco? Puede ser, pero esto no es culpa del gran Espíritu de Dios. Nuestra degeneración no puede ser achacada a Él. Nos hemos destruido a nosotros mismos, y sólo en Él se encuentra nuestra ayuda. En lugar de clamar hoy, *Despierta, despierta ... oh brazo del Señor* (Isaías 51:9), debemos escuchar el grito del cielo que dice, *Despierta, despierta, vístete de tu poder, oh Sión; vístete de tus ropajes hermosos... Sal del polvo* (Isaías 52:1-2).

Muchos de nosotros podríamos haber logrado grandes cosas para el Señor si hubiéramos puesto nuestro corazón en ello. El más débil de nosotros podría haber rivalizado con David, y el más fuerte entre nosotros podría haber sido como los ángeles de Dios. Estamos obstaculizados por nosotros mismos; no hemos alcanzado las posibilidades de fuerza que están a nuestro alcance. No debemos sugerir perversamente que la culpa es del buen Espíritu de nuestro Dios, sino que, con verdadera humildad, nos culpemos a nosotros mismos. Si no hemos vivido en la luz, ¿podemos sorprendernos de que estemos casi siempre en la oscuridad? Si no nos hemos alimentado del pan del cielo, ¿podemos asombrarnos de que seamos débiles?

Volvamos al Señor. Busquemos de nuevo ser bautizados en el Espíritu Santo y en el fuego, y volveremos a contemplar las obras maravillosas del Señor. Él pone ante nosotros una puerta abierta, y si no entramos, sólo podemos culparnos a nosotros mismos. *El cual da a todos abundantemente y sin reproche* (Santiago 1:5), y si todavía nos falta, no tenemos porque no pedimos, o porque pedimos de manera equivocada. *No tenéis, porque no pedís. Pedís y no recibís, porque pedís con malos propósitos* (Santiago 4:2-3).

Miren la condición del mundo. Después de que el evangelio ha estado en él más de dos mil años, vean cuán pequeña es la parte convertida, cuántos se aferran a sus ídolos, cuánto pecado, error, pobreza y miseria hay todavía en el mundo. Conocemos todos estos tristes hechos, pero ¿es esto culpa del Espíritu Santo de Dios? Dime, ¿cuándo ha creado el Espíritu Santo las tinieblas o el pecado? ¿Dónde ha sido Él el autor del vicio o de la opresión? *De dónde vienen las guerras y los conflicto?* (Santiago 4:1). ¿Vienen de Él? ¿No provienen más bien de nuestras propias lujurias?

¿Y si el mundo siguiera siendo un establo de Augías, con gran necesidad de limpieza?[5] ¿Lo ha hecho así el Espíritu de Dios en algún grado o sentido? Donde se ha predicado plenamente el Evangelio, ¿no han hecho bien las palabras del Señor a los que caminan rectamente? ¿No han sido redimidos y civilizados los caníbales? ¿No se ha acabado con el comercio de esclavos y otras maldades por el poder de la influencia cristiana? ¿Cómo, entonces, se puede culpar al Espíritu de Cristo, al Espíritu del Evangelio? ¿Atribuirás las tinieblas al sol? ¿Atribuirás la inmundicia de los cerdos al arroyo cristalino? ¿Culparás a la brisa fresca del mar de las plagas de insectos? Hacerlo sería un gran acto de insensatez.

En cambio, admitimos que la oscuridad, el pecado y la miseria son de los hombres. ¡Quién me diera que mi cabeza se hiciera agua, y mis ojos fuente de lágrimas, para que yo llorara día y noche! (Jeremías 9:1). Pero estos no son obra del Espíritu de Dios. Estos vienen del espíritu de abajo. El que es de arriba los sanaría. Él no está limitado. Estos problemas no son por culpa de Él. Donde su evangelio ha sido predicado, y la gente ha creído y vivido de acuerdo con él, han sido iluminados, santificados y bendecidos. La vida y el amor, la luz y la libertad, y todas las demás cosas buenas vienen del Espíritu del Señor.

> Las bendiciones abundan donde Él reina;
> El prisionero salta para perder sus cadenas,
> El cansado encuentra el descanso eterno,
> Y todos los hijos de la necesidad son bendecidos.[6]

---

5   Augeas era un rey de la mitología griega que era conocido por tener los establos con más ganado del país, pero que nunca habían sido limpiados - hasta que apareció Heracles y los limpió.

6   Esta estrofa es del himno de Isaac Watts "Cantad Alegres al Señor", basado en el Salmo 72.

Capítulo 4

Solo Cristo

Si alguno de nosotros recibe una asignación para el servicio cristiano, debe venir de Cristo mismo. Si queremos llevar a cabo esta asignación, debe ser con lealtad a Cristo. Si esperamos tener éxito en esa asignación, debemos hacerlo mientras estamos en perpetua comunión personal con Cristo. Debemos comenzar a trabajar con Él, continuar trabajando con Él, y nunca dejar de trabajar hasta que Él mismo venga a despedirnos del servicio porque ya no es necesario. ¡Oh, que hiciéramos todo nuestro trabajo en el nombre de la gran Cabeza de la iglesia! ¡Oh, que hiciéramos todo el trabajo de Cristo conscientemente en la presencia y en la fuerza de Cristo!

En este momento, Jesús posee una autoridad real, por poder, es cierto, pero principalmente por derecho. Su poder proviene de sus méritos, de su naturaleza gloriosa y del don del Espíritu divino que descansa sobre Él sin medida. La palabra que traducimos como "poder" tiene un significado más amplio. Encontramos un buen ejemplo de ello en Juan 1:12: *A todos los que le recibieron, les dio el derecho de llegar a ser hijos de Dios*, donde la palabra "derecho" podría traducirse como "privilegio" o "potestad" o "libertad", y sin embargo también se traduce correctamente como "poder".

Jesús en este momento tiene todos los derechos en el cielo y en la tierra. Tiene toda la soberanía y el dominio, y por supuesto, tiene todo el poder que respalda su derecho; pero no es un mero poder en el sentido de la fuerza. No es el poder dinamita en el que se deleitan los reyes terrenales. Es otra clase de fuerza más elevada, la que tiene Cristo; es la energía divina del amor. Él posee en este momento toda la autoridad en el cielo y en la tierra.

Jesús, les habló, diciendo: Toda autoridad me ha sido dada en el cielo y en la tierra (Mateo 28:18); es decir, Él tiene el poder ahora. Tú y yo no somos enviados a predicar el evangelio para obtener poder para Cristo; Él ya lo tiene ahora. No somos enviados, como a veces decimos, para ganar el mundo para Cristo; en el sentido más estricto, es de Él ahora. Él es el Rey de la Gloria en este mismo momento. Él es ahora mismo Señor de todo, Rey de Reyes y Señor de Señores. Toda la autoridad se le ha dado a Él. No trataré de explicar el momento específico en que le fue dada, pero les recuerdo que ya le ha sido dada. Ese gran acto se ha cumplido. Nuestro Señor Jesús tiene en Su mano el cetro que le da poder sobre toda carne, para dar vida eterna a cuantos el Padre le ha dado. Ya tiene en su mano ese cetro con el que quebrará a las naciones como con una vara de hierro y las hará pedazos (Salmo 2:9). No tiene que subir a su trono, porque ya está entronizado. No necesita ser coronado, pues ya lo está, como hemos dicho, Rey de Reyes y Señor de Señores.

Me he encontrado con algunos que han tratado de leer la Biblia de manera equivocada. Han pensado: "Dios tiene un propósito que seguramente se cumplirá; por lo tanto, no nos moveremos ni un centímetro. Todo el poder está en manos de Cristo; por lo tanto, nos quedaremos quietos". Sin embargo, esa no es la manera en que Cristo lee el pasaje. Su manera es, *"Todo poder me es dado*, por lo tanto ve y haz algo".

SOLO CRISTO

"Pero, Señor, ¿qué quieres de nosotros cuando tienes todo el poder? Somos unas criaturas tan insignificantes e inútiles que seguro que estropeamos todo lo que intentamos"

"No", dice el Maestro. *"Todo poder me es dado*, por lo tanto ve y haz algo".

Jesús nos dice que vayamos porque Él tiene todo el poder. Sé que con muchos de nosotros hay una tendencia a sentarnos y decir: "Todo está mal, el mundo sigue empeorando y todo se está poniendo mal". Nos sentamos y nos preocupamos juntos en la más deliciosa miseria, tratando de animarnos mutuamente hacia mayores profundidades de desesperación. ¿No actuamos a menudo así? Tristemente, es así, y nos sentimos felices al pensar que otras personas se mezclarán en bendita armonía de miseria con nosotros en todo nuestro desánimo. Si tratamos de hacer un poco, sentimos que no hay mucho bien en nuestro servicio y que muy poco puede salir de él.

La batalla ha comenzado, y todo buen soldado de Jesucristo debe estar en el frente por su Capitán y su Señor.

Este mensaje de nuestro Maestro me parece como el sonido de una trompeta. Les he dado los acordes de una campana de viento, pero ahora suena la nota de una trompeta. Aquí está el poder que te permite ir. Por tanto, salgan de sus basureros, de sus cenizas y de su polvo. Sacudan su desesperación. La trompeta llama: "¡Prepárense para partir! ¡A la carga!" La batalla ha comenzado, y todo buen soldado de Jesucristo debe estar en el frente por su Capitán y su Señor. Debido a que todo el poder es dado a Cristo, Él transmite ese poder a su pueblo y lo envía a la batalla y a la victoria.

" Ve, ve", dice Cristo.

"Pero, Señor, si vamos a los hombres, nos pedirán nuestros pasaportes y permisos de viaje".

"Tómenlos", dice Jesús. *"Toda autoridad me ha sido dada*

en el cielo y en la tierra". "Eres libre del cielo, y eres libre de la tierra. No hay lugar -ya sea en Etiopía, en los desiertos de Medio Oriente o en el centro de Roma- donde no puedas ir. Aquí tienes tu pasaporte: 'Toda autoridad me ha sido dada; por lo tanto, ve'".

"Pero, Señor, necesitamos algo más que pasaportes, necesitamos un encargo, una orden tuya".

"Aquí tienes tu encargo", dice el Señor: "*Toda autoridad me ha sido dada*, y yo te la delego. Yo tengo autoridad, y les doy autoridad; vayan, pues, porque yo tengo la autoridad. Ve y enseña a los príncipes, a los reyes y a los mendigos; enséñales a todos. Yo te designo. Los autorizo, a todos los que me conocen y tienen mi amor derramado en sus corazones, los comisiono para que vayan y "digan a los pecadores alrededor qué excelente Salvador [han] encontrado,[7] y si te preguntan cómo te atreves a hacerlo, no les digas que el obispo te ordenó o que eres un ministro autorizado, sino diles que todo el poder le ha sido dado a tu Maestro en el cielo y en la tierra, y que has venido en su nombre, y nadie puede decirte lo contrario."

"Además", dice el Maestro, "te envío con mi poder que ya he enviado delante de ti."

Presta atención a esto, pues lo traigo de nuevo a tu memoria. Jesús no dice: "Ve y gana el poder para mí en la tierra; ni tampoco ve y consigue el poder para mí entre los hijos de los hombres". No. Él dice: "Ya se me ha dado toda la autoridad y el poder, así que ve. No te envío a un país que es un reino extranjero, sino que te envío a un país que es mío, porque todas las almas son mías. Si vas a los judíos o a los gentiles, son míos. Si vas a la India o China, no necesitas pedir permiso a nadie; estás en el país de tu propio Rey. Estás en una misión para tu propio Rey. Tienes el poder de tu propio Rey yendo delante de ti."

Creo que cuando los misioneros van a un país, a menudo

---

7   Esta línea es del himno "Jesús, mi todo, al cielo se ha ido", de Juan Cennick (1718-1755).

recogen frutos maduros en lugar de plantar árboles. Al igual que el Señor envió las avispas para despejar el camino a los hijos de Israel, a menudo envía cambios políticos, sociales y religiosos notables antes de los mensajeros de la cruz para prepararles el camino. Este es el mensaje que resuena claramente para todos los soldados del Rey Jesús: "Tengo toda la autoridad en el cielo y en la tierra; por lo tanto, con confianza y sin vacilación ni duda, *Id, pues, y haced discípulos de todas las naciones, bautizándolos en el nombre del Padre y del Hijo y del Espíritu Santo*" (Mateo 28:19).

A menos que el Espíritu Santo bendiga la Palabra, somos los más miserables de todas las personas, porque hemos intentado una tarea que es imposible y hemos entrado en un área donde nada más que lo sobrenatural servirá. Si el Espíritu Santo no renueva los corazones, no podemos hacerlo. Si el Espíritu Santo no los regenera, nosotros no podemos. Si Él no envía la verdad a sus almas, bien podríamos hablarle al oído a un cadáver. Todo lo que tenemos que hacer está más allá de nuestro poder; debemos tener a nuestro Maestro con nosotros, o no podemos hacer nada. Sentimos profundamente la necesidad de esta gran verdad. No nos limitamos a decirla, sino que cada día nos sentimos impulsados por nuestro propio y profundo sentimiento de necesidad a alegrarnos de que nuestro Señor haya declarado, *Toda autoridad me ha sido dada en el cielo y en la tierra.*

¿Por qué nos desanimamos alguna vez? ¿Por qué empezamos a cuestionar el éxito final de la buena causa? ¿Por qué volvemos a casa preocupados y ansiosos por los males del día? ¡Ánimo, ánimo! El Rey tiene todo el poder, es imposible derrotarlo. El ala derecha de nuestro ejército puede ser destrozada por un momento, pero el Rey en el centro del ejército todavía cabalga sobre el caballo blanco de la victoria, y Él sólo tiene que quererlo -sólo tiene que decir una sola palabra- y el enemigo será expulsado como la paja ante el viento.

Cristo dice: "Ve". Muy bien, entonces. Vayamos de inmediato, según su Palabra, por el camino que la propia mano de Dios nos marca. Vayamos y hagamos discípulos a todas las naciones. Hay que decirles que necesitan conocer a Jesucristo y que deben ser obedientes a su voluntad.

Sigamos adelante siendo fieles a Él en todo, y formemos a sus discípulos para que le sean fieles, *enseñándoles a guardar todo lo que os he mandado* (Mateo 28:20). Como Él tiene toda la autoridad, no traigamos otra autoridad. Permanezcamos en la casa del Maestro y busquemos conocer la mente del Maestro, aprender la voluntad del Maestro, estudiar el Libro del Maestro y recibir el Espíritu del Maestro. Que estas verdades sean dominantes sobre todos los demás poderes. Al mismo tiempo, esforcémonos por permanecer en comunión con Él.

He aquí, yo estoy con vosotros todos los días, nos dice (Mateo 28:20). No nos alejemos nunca de Él. Porque toda la autoridad le ha sido dada, permanezcamos a su lado; seamos los soldados de Su guardia. Seamos los siervos que desatan las correas de Sus sandalias, que traen agua para Sus pies, y que nos consideramos muy honrados de servirle. *He aquí, yo estoy con vosotros todos los días,* Él dice, así que estemos siempre con Él.

Capítulo 5

Gran Fe y Grandes Obras

¿Dónde está vuestra fe? (Lucas 8:25)

Aquellos nueve discípulos que permanecieron al pie de la montaña cuando el Salvador llevó a los otros tres a contemplar su transfiguración, tenían cada uno un verdadero llamado del Señor Jesucristo. Eran nueve de sus apóstoles elegidos. Él los había escogido según su propia voluntad y placer, y no había duda de que estaban realmente llamados al apostolado. No sólo habían sido elegidos, sino que también estaban calificados, pues en ocasiones anteriores habían curado a los enfermos, expulsado a los demonios y predicado la Palabra de Cristo con gran poder. Influencias milagrosas descansaban sobre ellos, y eran capaces de hacer grandes maravillas en el nombre del Señor Jesucristo. No sólo estaban capacitados para ello, sino que habían realizado realmente muchas maravillas de sanidad. Cuando salían, revestidos del poder divino, curaban a los enfermos y expulsaban a los demonios por doquier; sin embargo, en esta ocasión estaban completamente desconcertados y abatidos.

Un pobre padre les llevó a su hijo epiléptico, que además estaba poseído por un espíritu maligno. Los discípulos no pudieron expulsar el espíritu maligno ni curar al niño epiléptico. Llegaron, por así decirlo, a una gran dificultad que los dejó perplejos. Los escribas burlones estaban allí, dispuestos a aprovecharse de la situación y a decir con burla y desprecio: "No pueden curar a este niño, porque el poder que han recibido de vuestro Maestro es limitado. Él puede hacer algunas cosas extrañas, pero ni siquiera Él puede hacer todas las cosas. Tal vez haya perdido su antiguo poder, y ahora, por fin, ha aparecido una especie de demonio que no puede dominar. Te equivocas al seguirle; has depositado tu fe en un impostor, y será mejor que renuncies a esa Fe."

Oh, qué listo está el espíritu maligno para sugerir siempre pensamientos oscuros si no podemos tener siempre éxito en nuestra obra de fe y trabajo de amor. ¿Por qué crees que el Señor permite que sus siervos sean derrotados? Bueno, por supuesto, la razón principal en este caso fue porque Dios da la victoria a la fe, y si no creemos, tampoco seremos afirmados. Si caemos, como probablemente habían caído esos discípulos, en un estado de ánimo no espiritual y en un estado de gracia bajo, nuestras órdenes no valdrán mucho, nuestras calificaciones anteriores serán de poco valor, y todos los éxitos que hayamos tenido en días anteriores no quitarán el efecto de los fracasos actuales. Seremos como Sansón, que salió y se sacudió como lo había hecho antes, pero el Espíritu de Dios se había alejado de él y los filisteos no tardaron en vencerlo, esos mismos filisteos a los que, si su Señor hubiera estado todavía con él, los hubiera vencido y golpeado grandemente y con gran matanza.

Si queremos hacer la obra del Señor con éxito, debemos tener fe en Él. Debemos mirar más allá de nosotros mismos, más allá de nuestra misión, más allá de nuestras calificaciones personales, y más allá de nuestros éxitos anteriores. Debemos buscar la unción correcta del Espíritu Santo, y por fe debemos depender del Dios vivo de día en día.

Si tengo éxito, ¿por qué tengo éxito? Permíteme conocer el secreto para que pueda poner la corona en la cabeza correcta. Si no tengo éxito, hazme saber la razón para que pueda, en todo caso, tratar de eliminar cualquier obstáculo si es de mi propia cosecha. Si soy un vaso que no está listo para el uso del Maestro, hazme saber por qué no estoy listo y por qué no estoy preparado, para que pueda, en la medida en que esté en mí, prepararme para el servicio del gran Maestro. Sé que si estoy listo y preparado para ser utilizado, Él ciertamente me utilizará. Si no me utiliza, lo más probable es que sea porque hay alguna incapacidad en mí. Trata de saber por qué estás obstaculizado en tu santo servicio a Dios, porque será sabio saberlo.

> Si no me utiliza, lo más probable es que sea porque hay alguna incapacidad en mí.

Es muy posible que te lleve a ser más humilde. Puede que te haga ir, con lágrimas en los ojos, al propiciatorio. Puede que aún no sepas todo lo que hay en tu propio corazón. Puede haber algo que te parezca una cosa muy pequeña, pero que está afligiendo a tu Dios y debilitando tu poder espiritual. Puede parecerte un pequeño asunto, pero en esa pequeña cosa puede estar la fuente de tanta desobediencia o daño que Dios no la tolerará, y no te bendecirá hasta que te deshagas completamente de ella.

Por lo tanto, será sabio y correcto, aunque sea para tu dolor y pesar, que encuentres la respuesta a la pregunta, ¿Por qué nosotros no pudimos expulsarlo? (Mateo 17:19). Estoy seguro de que cualquier cosa que nos haga volver a menudo a nuestro Señor debe ser una bendición para nosotros. Es muy humillante haber predicado tanto tiempo en vano, haber ido a esa aldea tantas veces y sin embargo no ver conversiones, visitar ese albergue tan a menudo y aparentemente no haber hecho ninguna impresión en los residentes descuidados, o haber entrado en ese apartamento sombrío y haber contado la historia de la cruz - sólo para encontrar que el oyente es tan oscuro y tan brutal como siempre.

Parece como si nuestro corazón se quebrara cuando estamos realmente en serio, y sin embargo no podemos lograr el bendito propósito que estamos seguros debe ser querido por el propio corazón del Salvador; pero puede ser que nuestra falta de éxito tiene mucha instrucción divina en ella, y puede ser el comienzo y la preparación para el éxito futuro que honrará grandemente al Señor Jesucristo. Esto fue parte del entrenamiento de los doce discípulos. Ahora estaban en la universidad, con Cristo como su tutor. Estaban siendo preparados para aquellos maravillosos días en que harían cosas aún mayores que las que Él había hecho, porque Él había vuelto a su Padre, había recibido un poder aún mayor y se lo había dado a ellos. *Bueno es para el hombre llevar el yugo en su juventud* (Lamentaciones 3:27).

Cualquiera que sea la razón de tu fracaso, puede ser curada. Con toda probabilidad, no es un gran problema, y ciertamente no es una dificultad insuperable para el Señor. Por la gracia de Dios, este obstáculo puede ser quitado de ti y no permitirse más robarte tu poder. Búscalo, pues. Mira con tus dos ojos y busca con la luz más brillante que puedas encontrar, para que encuentres toda razón que retenga el Espíritu de Dios y disminuya tu propia utilidad.

"¿Por qué no pudimos echar los males fuera de ellos?" Cada maestro de escuela dominical puede hacer esa pregunta sobre su clase, y cada obrero cristiano sobre su esfera de trabajo. Yo me la hago sobre algunos que han hecho una profesión de cristianismo pero luego han caído en el pecado, y sobre otros que han recaído en la frialdad o la tibieza, y sobre muchos que, después de escuchar años de predicación, siguen siendo los mismos de siempre. ¿Qué demonio se ha metido en ellos? ¿Por qué no podemos expulsarlo?

El Señor Jesús les dijo que su fracaso se debía a su falta de fe. No dijo: "A causa del demonio y su pobre carácter y la fuerza de su atrincheramiento en la naturaleza del pobre sufriente", sino que dijo, *Por vuestra poca fe* (Mateo 17:20).

Podrían haber dicho, y habría sido cierto, "Este demonio ha estado en él durante mucho tiempo". El padre dijo que la aflicción le sobrevino cuando era niño. Ustedes saben que no es fácil expulsar a un demonio que ha vivido en cualquier lugar, digamos, durante veinte años. Es una cosa difícil deshacerse de los pecados y males que han existido durante mucho tiempo, pero si tenemos fe, no habrá ninguna dificultad en superar incluso aquellos pecados que han mantenido la posesión del pecador durante mucho tiempo.

Además, en este caso, estaba la fuerza de este demonio, así como la duración de su posesión. Tomó a este pobre niño y lo arrojó al fuego o al agua y lo sacudió de un lado a otro a su cruel y perverso placer. Hizo esto incluso mientras los discípulos estaban mirando. Sí, pero si hubieran tenido más fe, habrían comprendido que aunque Satanás es fuerte, Cristo es mucho más fuerte. El diablo es poderoso, pero Dios es todopoderoso. Si los discípulos hubieran creído, podrían haber vencido al demonio por el poder de Cristo.

La falta de fe rompe la conexión entre nosotros y Cristo. Somos como el cable de un teléfono fijo. Puede llevar el mensaje mientras pueda viajar por el cable, pero si se rompe la conexión, es inútil. La fe es nuestra conexión con Cristo. Si la conexión se rompe, ¿qué podemos hacer? Es por la fe que Dios trabaja en nosotros y a través de nosotros, pero si entra la incredulidad, no somos aptos para que Él trabaje con nosotros. ¿Esperas que Dios bendiga a la persona que no cree en Él? ¿Esperas que Dios ponga su sello a las obras de los incrédulos? Eso no puede ser. La primera condición para el éxito en cualquier trabajo para Dios debe ser la fe sincera en el Dios para quien estamos trabajando.

Mirando ahora la condición de nuestros tiempos y el trabajo asignado a cada uno de nosotros, siento que lo que necesitamos es más fe. No importa cuán firmemente están establecidas las montañas de la iniquidad; deben moverse si la fe es fuerte. No importa lo profundas que sean las raíces del sicómoro;[8] será arrancado de raíz si la fe es fuerte. *Entonces el Señor dijo: Si tuvierais fe como un grano de mostaza, diríais a este sicómoro: «Desarráigate y plántate en el mar». Y os obedecería* (Lucas 17:6). ¡No creemos a medias! Puedes planear e intentar y trabajar por tu cuenta, pero no tendrás éxito a menos que simplemente confíes en tu Dios como un niño confía en su padre. A menudo fracasamos a causa de nuestra incredulidad.

Puede ser que haya casos en los que Dios no dé paso a tu fe hasta que tu fe trabaje en la oración; y entonces, cuando la oración haya trabajado al máximo, obtendrás la bendición.

Creo que puedo entender algunas de las razones de Dios para hacer esto. En primer lugar, Él quiere hacernos ver la grandeza de su misericordia, por lo que ocupa nuestros pensamientos con la grandeza de la angustia que necesita ser aliviada. Quiere que veamos la imposibilidad de que esa angustia sea aliviada excepto por Su propio poder y su divinidad. Esa experiencia nos hace bien. Nos hace sentir que la misericordia, cuando llegue, será increíblemente preciosa.

El Señor también quiere estimularnos a la santidad, y eso, igualmente, nos hace bien. Estar llenos de deseos santos es en sí mismo un ejercicio saludable. Luego, el Señor quiere crear en nosotros la unidad de acción. Si un hermano se da cuenta de que no puede seguir solo, llamará a otro para que le ayude en la oración. La desesperación del caso, que no puede ser resuelto por la simple fe, o incluso por la oración de uno solo,

---

8 El sicómoro se cree que es un tipo de zarza, probablemente mora.

suscitará muchas santas súplicas unidas. Busquemos siempre las oraciones unidas de muchos hermanos y hermanas.

¿Recuerdas a aquel hombre que fue cargado por cuatro amigos y fue bajado del techo a la presencia de Cristo (ver Marcos 2:1-12)? Oh, me gustaría que se reunieran con frecuencia en sus casas para orar juntos. Me gustaría saber de pequeños grupos de hombres y mujeres cristianos que se hayan comprometido a orar, de cuatro en cuatro, por alguien poseído por un demonio del tipo que no sale por medios ordinarios, y debe ser expulsado por cuatro de ustedes. Reúnanse y díganse a sí mismos: "No descansaremos hasta que esta y aquella persona tengan el demonio expulsado y hayan venido a Cristo, y *estén sentados, vestidos y en su sano juicio, a los pies de Jesucristo.*"

Este tipo. Este tipo de demonios no pueden ser expulsados, excepto por medio de una oración especial, persistente, continua y unida. Pueden ser expulsados si sólo crees y oras. Nunca hay un demonio o un mal que no tenga que irse - si tienes la suficiente fe y la suficiente oración para expulsarlo.

Mediante la oración y el ayuno. Nuestro Señor Jesucristo nunca le dio mucha importancia al ayuno. Rara vez hablaba de ello, y cuando los fariseos lo exageraban, generalmente los disuadía diciéndoles que no había llegado el momento de que sus discípulos ayunaran, porque el Esposo aún estaba con ellos, y mientras estuviera con ellos sus días debían ser de alegría. Pero aún así, la Sagrada Escritura habla del ayuno. En ciertos casos aconseja el ayuno, y hubo hombres y mujeres piadosos, como Ana, la profetisa, quien *servía a Dios noche y día con ayunos y oraciones* (Lucas 2:37).

No pretendo sobre-espiritualizar esto. Sin embargo creo, literalmente, que algunos de ustedes estarían mucho mejor si de vez en cuando tuvieran un día entero de ayuno y oración. Hay una ligereza que se apodera de la contextura cuando ayunamos, empezamos a sentirnos bastante ligeros y agraciados, especialmente las personas voluminosas como yo. Recuerdo un día de ayuno y oración en el que me di cuenta, espiritualmente, del significado de una imagen católica romana, que a veces he visto, de un santo flotando en el aire. Bueno, eso, por supuesto, era imposible, y no supongo que, cuando se pintó el cuadro, se creyera en su sentido literal; pero hay una ligereza, una elevación del espíritu por encima de la carne, que te invade después de algunas horas de esperar en Dios en ayuno y oración.

A veces puedo aconsejar a los cristianos que lo prueben; será bueno para su salud, y ciertamente no les hará daño. Si sólo comiéramos la mitad de lo que se come habitualmente, probablemente todos gozaríamos de una mejor salud. Si, ocasionalmente, comiéramos menos alimentos durante un período de tiempo, no porque haya alguna virtud en ello, sino para tener nuestros cerebros más claros y ayudar a nuestros corazones a descansar más plenamente en el Salvador, encontraríamos que la oración y el ayuno tienen mucho poder.

Permítanme decir sólo una cosa más. Creo que el demonio de la embriaguez no saldrá de algunas personas a menos que los cristianos que oran por ellas y hablan con ellas practiquen el ayuno en materia de abstinencia total. No quiero decir que esté mal que oren por ellos y traten de ayudarlos, pero hay algunas almas que no se pueden ganar a menos que les digan: "Por ustedes vamos a renunciar a lo que podría ser lícito para nosotros, para salvarlos de los bares y de todas sus tentaciones. Vamos, hombre, tengo la intención de tomar esta promesa de abstinencia. Nunca me he emborrachado y probablemente nunca lo haré, pero firmaré este compromiso por tu bien."

Hay algunos demonios y pecados que no se irán hasta que actúes así, y debemos hacer todo lo que podamos que pueda resultar en la salvación de un alma. Debemos negarnos todo lo que podamos, negarnos a nosotros mismos si es necesario para llevar a una sola persona a la cruz de Cristo. Procuremos ser muy claros en este asunto, pues todavía hay muchos demonios que no saldrán sin oración y ayuno.

Di entonces: "No ayunaré para complacer al diablo o para complacer a otras personas, sino que voy a ayunar para desagradar al diablo y sacarlo de esa persona. Ayunaré de cualquier cosa para traerlo a los pies de Jesús y que se salve". Confío en que todos los que amamos al Señor estamos de acuerdo en este asunto, en que no debemos escatimar ningún costo de nuestra parte para ganar un alma del dominio de Satanás y llevarla a la gloriosa libertad de los hijos de Dios.

Capítulo 6

Siendo Fieles con los Talentos que Ya Nos Ha Dado

Entonces lo llamó y le dijo: ¿Qué es esto que oigo acerca de ti? Rinde cuentas de tu administración (Lucas 16:2).

Da cuenta de tu mayordomía en cuanto a tus talentos. Todos tenemos diferentes dones y habilidades naturales. Una persona tiene la lengua de la elocuencia, otra la pluma de un escritor perspicaz, y una tercera el ojo artístico que discierne la belleza; pero cualquiera de estos que podamos tener, pertenecen a Dios y deben ser usados en su servicio.

Algunos sólo tienen los dones que los capacitan para ganarse el pan de cada día con el trabajo manual. No tienen un gran poder mental, pero deben dar cuenta a Dios de lo que tienen, y también de la fuerza física con la que Dios los ha bendecido. No hay persona que no tenga algún tipo de talento. No hay nadie que no tenga alguna forma de habilidad, ya sea dada por la naturaleza o adquirida por la educación. Todos estamos equipados en un grado u otro, y cada uno debe dar cuenta a Dios de ese talento.

¡Qué cuenta deben dar algunas personas que han sido dotadas de diez talentos y los han desperdiciado todos! ¿Cuál debe ser la cuenta de un Napoleón? ¿Cuál debe ser la cuenta de un Voltaire, con todo el esplendor de su intelecto puesto a los pies de Satanás y profanado para la condenación de la humanidad?[9]

Sin embargo, mientras piensas en estos grandes de la tierra, no te olvides de ti mismo. ¿Cuál ha sido tu don especial? Puedes hablar bastante bien en compañía de algunas personas, pero ¿has hablado alguna vez en nombre de Cristo? Pueden escribir bien y se dan cuenta de que tienen un buen don en esa área, pero ¿han escrito alguna vez una línea que lleve a sus semejantes al servicio del Salvador? Teniendo diez talentos, ¿están todos envueltos y enterrados? ¿Se usan todos para uno mismo? ¿No se usan para Dios, para la santidad, para la verdad y para la justicia? Cuán severamente viene el mandato, *Rinde cuentas de tu administración*, sin embargo, me temo que ninguno de nosotros puede dar cuenta de sus talentos sin temor y temblor.

Da cuenta de tu esencia. Las circunstancias mundanas varían mucho. Supongo que hay algunos a los que Dios les ha confiado grandes riquezas, otros a los que les ha dado una cantidad considerable, y que a la mayoría les ha dado algo más de lo que es absolutamente necesario para las necesidades reales; pero ya sea mucho o poco, debemos dar cuenta de todo ello. No sé qué tendrán que decir algunos cristianos ricos respecto a lo que dan a la causa de Dios. No dan a Dios el diez por ciento de lo que tienen, sino que es más bien como si dieran las sobras

---

9   Voltaire, considerado ateo por muchos, fue un escritor, historiador y filósofo francés conocido por sus ataques al cristianismo y sus creencias anti Dios.

SIENDO FIELES CON LOS TALENTOS QUE YA NOS HA DADO

de su mesa, y éstas sólo las dan por la apariencia, porque no parecería respetable que no dieran nada en absoluto.

Los fondos de la iglesia nunca estarían tan vacíos como lo están si no fuera porque algunos de los mayordomos de la iglesia no son fieles a su confianza. Es muy triste pensar en algunas de las personas prominentes de nuestro país que tienen ingresos que, en un solo mes, proporcionarían un apoyo competente para toda una familia durante toda su vida. Me pregunto qué clase de cuenta será la suya cuando tengan que dar cuenta de cientos de miles o incluso millones de dólares. Con algunos de ellos, todo lo que podrán decir será: "Perdí tanto en deportes y entretenimiento, gasté tanto en alguien con quien salía, pagué tanto por diamantes, tanto derrochado en esta forma de despilfarro, y tanto en aquella otra". Pero para los pobres y necesitados que se mueren en nuestras calles, las multitudes que anhelan incluso el pan necesario, algunos no han hecho nada en absoluto.

Hay maravillosas excepciones, nombres que vivirán mientras la filantropía sea apreciada entre la humanidad; pero las excepciones son tan extremadamente pocas, que cuando los hombres ricos de América e Inglaterra y el resto del mundo sean acusados en el tribunal de Dios, como ciertamente lo serán, la cuenta de su administración será verdaderamente terrible.

Sin embargo, ¿qué son ustedes, y qué soy yo, para juzgar estas cosas, si no podemos decir que hemos sido fieles con lo que Dios nos ha dado? Les pregunto si han hecho, y ruego que lo hagan, una evaluación en su mente ahora de su mayordomía del oro, la plata o el cobre que Dios les ha confiado.

Debemos dar cuenta de nuestra influencia. Todo el mundo tiene algún tipo de influencia. La madre que nunca sale de la habitación del bebé tiene una maravillosa influencia sobre sus hijos pequeños, aunque ningún vecino sienta la fuerza de su influencia y nadie, excepto sus propios pequeños, se vean afectados por su fidelidad. ¿Quién sabe si no está cuidando a un Whitefield,[10] que hará tronar el evangelio a lo largo y ancho de la tierra; o tal vez, por otro lado, podría estar cuidando a un infiel, cuyas espantosas blasfemias arruinarán a multitudes? La madre tiene una influencia de la que debe dar cuenta a Dios.

Y la influencia del padre -¡oh, padres! No pueden dejar de lado sus obligaciones para con sus hijos enviándolos a la escuela o incluso a una escuela dominical. Son sus hijos, y deben dar cuenta de su administración con respecto a su propia descendencia. No sólo el político que emociona al público con su oratoria, sino también el que habla una palabra desde el banco del carpintero, cada uno tiene su influencia, y cada uno debe usarla y dar cuenta de ella.

No es sólo el hombre que, negándose a prestar sus millones, podría evitar los horrores de la guerra, sino también el hombre que con una sonrisa podría ayudar a reírse del pecado, o con una palabra de reprimenda podría mostrar que lo aborrece. No hay ninguno de ustedes que no tenga influencia, y ahora les pregunto cómo la han utilizado. ¿Ha estado siempre del lado del Señor? *Rinde cuentas de tu administración*, porque esa influencia no durará por siempre.

Podríamos considerar otras cosas que Dios nos ha encomendado, pero el tiempo fallaría; por eso les recuerdo que la cuenta que tendrán que dar, y la que les pido que consideren ahora, no es una cuenta relativa a otras personas. ¿No sería bueno que tuviéramos que hacerlo? ¡Con qué entusiasmo algunos emprenderían la tarea si tuvieran que dar cuenta de los caracteres de otras personas! ¡Con qué facilidad cada uno de nosotros puede hacer de detective de nuestros semejantes! Qué dispuestos estamos a decir de este hombre: "¡Oh, sí! Regala una buena cantidad de dinero, pero es sólo porque le

---

10 George Whitefield (1714-1770) fue un evangelista inglés, uno de los primeros líderes metodistas. Predicó en Inglaterra y América, así como en Escocia, Irlanda y algunos otros países, y fue uno de los principales predicadores del primer Gran Despertar de América.

gusta presumir". Qué listos estamos para decir de esa mujer: "Sí, parece ser cristiana, pero no conoces su vida privada", o de ese ministro del evangelio: "Sí, es muy fervoroso, pero tiene una vida cómoda y tiene muchas ventajas por su ministerio."

Nos gusta evaluar a nuestros semejantes de esta manera, y nuestras evaluaciones son maravillosamente precisas, al menos eso creemos; pero cuando otras personas nos evalúan según la misma regla, su cálculo nos parece terriblemente fuera de lugar, y no podemos creer que sea correcto. Pero en el gran juicio no se nos pedirá que demos cuenta por los demás, y no voy a pedir a ninguno de ustedes que piense ahora en la conducta de los demás.

> Que cada uno limpie su propia herida y se ocupe de los asuntos de su propia alma, porque cada uno debe dar cuenta de sí mismo a Dios.

¿Y qué pasa si los demás son peores que tú, acaso eso te hace mejor o menos culpable? ¿Y si los demás no son todo lo que parecen ser? Tal vez tú tampoco lo seas. En cualquier caso, su hipocresía no hará que tu engaño sea cierto. Júzguense a sí mismos, para que no sean juzgados por los demás (véase Mateo 7:1). Que cada uno limpie su propia herida y se ocupe de los asuntos de su propia alma, porque cada uno debe dar cuenta de sí mismo a Dios.

Recuerda también que no estás llamado a dar cuenta de ti mismo a los demás. Por desgracia, hay muchos que parecen vivir sólo para intentar ganarse la estima de sus semejantes. Hay alguien a quien admiramos; si sólo nos sonríe, pensamos que todo está bien. Tal vez algunos tengan el corazón roto porque esa sonrisa se ha desvanecido y piensan que han sido mal juzgados e injustamente condenados. Es un asunto menor ser juzgado según el juicio del hombre. ¿Quién eres tú para juzgar al criado *de otro*? *Para su propio amo está en pie o cae* (Romanos 14:4), y no a este juez entrometido.

Recuerda, además, que la cuenta que se dará será de cada uno personalmente respecto a sí mismo; cualquiera que sea la cuenta de otra persona sobre ti, no te afectará.

Era un dicho de Pitágoras que cada uno de sus discípulos debía, cada noche, dar cuenta de las acciones del día. Creo que es bueno hacerlo, pues no podemos contemplar con demasiada frecuencia nuestras acciones y palabras. Siéntate un rato, peregrino; siéntate un rato. Aquí está el hito marcado con el fin de otro año; siéntate y piensa en ello. Pon tu mano sobre tu corazón, busca y ve lo que hay allí.

No hay nadie a quien le disguste tanto mirar su cuenta bancaria como a quien tiene deudas o está en bancarrota. Aquellos que no guardan ningún registro, cuando se presentan ante el tribunal, se entiende que son las personas más desaprensivas. Los que no guardan ninguna nota mental del pasado y no traen ningún recuerdo con respecto a sus pecados, habiendo tratado de olvidarlos todos, pueden estar seguros de que se engañan a sí mismos. Si no se atreven a escudriñar sus corazones, me temo que hay una razón para ese temor, y que por encima de todo deberían ser diligentes en esta búsqueda.

Puede ser que algunos vivan durante años, y sin embargo ya no sean buenos mayordomos. Un predicador puede apartarse, su voz se va, sus facultades mentales se debilitan, y ya no es un buen mayordomo. Uno está agradecido por tener más oportunidades de servir al Señor y tratar de llevar a los pecadores al Salvador. ¡Trabaja para Dios mientras puedas!

Uno de los más amargos remordimientos que un hombre puede conocer es estar acostado en su cama, no poder hablar, y pensar para sí mismo: "Ojalá pudiera predicar ese sermón de nuevo. No he clavado ese clavo con toda la fuerza que debería haber usado. No he sido lo suficientemente serio al suplicar a los pecadores. No he luchado hasta la agonía por la salvación de sus almas". Es posible que tú y yo tengamos veinte o treinta años antes de retirarnos del servicio activo; trabajemos entonces mientras podamos, antes de que llegue la noche en que nadie pueda trabajar. *Me es necesario hacer las obras del que me envió, entre tanto que el día dura; la noche viene, cuando nadie puede trabajar* (Juan 9:4). Agarremos el remo del bote salvavidas y rememos sobre el mar tempestuoso, buscando salvar a los que se ahogan de su naufragio, porque puede llegar el momento en que nuestro fuerte brazo derecho se paralice y no podamos hacer más.

Además, los cristianos adinerados tendrán que dar cuenta de su mayordomía y pueden llegar a un punto en el que ya no sean mayordomos. Esto les sucedió a algunas personas cuando llegó el pánico financiero; aunque tenían mucho antes de la caída de la bolsa, no les quedó nada después, así que ya no pudieron ser mayordomos de la riqueza que les fue arrebatada. Debe ser una causa de profundo pesar para las personas en esa posición si no pueden dar buena cuenta de su administración porque no habían hecho mucho bien con su riqueza mientras la tenían.

¿Acaso tú, a quien Dios le ha dado grandes posesiones, consideras cuán pronto puede también quitártelas? Las riquezas no son eternas. He aquí que nuestras riquezas pueden parecer tener alas y salir volando. No conozco una mejor manera de cortar esas alas que dando generosamente a la causa de Dios y usando todo lo que puedas en Su servicio. Sería un motivo de continuo arrepentimiento para ustedes si llegaran a la pobreza -no sólo por haber descendido en la escala social, pues podrían soportar eso, si por mera desgracia sucediera a través de la providencia de Dios-, pero si sintieran que "no hice lo que debí haber hecho cuando tenía riqueza", ésa sería la flecha que les atravesaría el corazón. Puede ser así con algunos. En cualquier caso, siento que hay algunos que son pobres porque Dios no prestará su dinero donde sabe que será encerrado y no se pondrá a buen interés en su causa. Lo poco que tienes está todo escondido, así que el Señor no te confiará más. Él ve que no eres apto para ser uno de Sus administradores. Hay algunos, por otro lado, a quienes Dios les ha confiado mucho porque ve que lo usan sabiamente para promover los intereses de Su reino.

Pero, después de todo, para todo hombre, ya sea rico o esté en el ministerio cristiano, puede haber un cierre de su mayordomía antes de morir. Puede llegar un momento en que Dios le diga, *no puedes ser más mayordomo* (Lucas 16:2). La madre que tiene a sus hijos pequeños arrastrados uno tras otro - este es el mensaje para ella: "Ya no puedes ser mayordomo". El maestro tiene su clase dispersa, o él mismo no puede ir a la escuela; la palabra para él también es: "Ya no puedes ser mayordomo." El hombre que fue a trabajar y podría haber hablado con su compañero de trabajo es trasladado, tal vez a otro país, o es colocado en una posición en la que no puede hablar libremente con otros; ahora ya no puede ser mayordomo.

Aprovecha todas las oportunidades mientras las tienes, golpea mientras el hierro está caliente, sirve a Dios hoy mientras puedas. Deja que cada momento de oro tenga su servicio urgente a Dios, para que no se te diga, *no puedes ser más mayordomo*.

Pero pronto dejaremos de ser mayordomos también en otro sentido. Nos llegará la hora de morir. Tenemos constantes recordatorios de que aquellos que han servido a Dios fielmente no pueden permanecer con nosotros para siempre. Uno u otro de los que hemos amado y honrado se convierte en su cuenta y pasa al descanso. Así sucederá a su vez con el pastor, los diáconos y los ancianos. No dejen de pensar en ese día, compañeros de trabajo, como si fueran inmortales. Puede llegarnos de repente. Puede que las canas no cubran nuestras cabezas, pero puede que se nos pida que rindamos cuentas cuando todavía estamos en la plena fuerza del vigor viril.

¿Qué piensas? ¿Podrías recoger tus pies en la cama y mirar hacia la eternidad sin sentir el sudor frío del miedo en tu frente?

¿Podrías enfrentarte al gran tribunal y decir, *porque yo sé en quién he creído, y estoy convencido de que es poderoso para guardar mi depósito hasta aquel día* (2 Timoteo 1:12)? ¿Podrías decir, *He peleado la buena batalla, he terminado la carrera, he guardado la fe* (2 Timoteo 4:7)? Dios será alabado si somos capaces de decir eso. Qué monumentos de misericordia seremos tú y yo si somos capaces de decir esto al final de nuestro servicio, y escuchar a nuestro Señor decir, *Bien, siervo bueno y fiel ...entra en el gozo de tu señor;* (Mateo 25:23).

Capítulo 7

El Gozo de la Cosecha del Señor

Multiplicaste la nación, aumentaste su alegría; se alegran en tu presencia como con la alegría de la cosecha. (Isaías 9:3)

Sentimos que debemos alegrarnos cuando otros se unen a la iglesia, porque recordamos con gran placer cuando nosotros nos unimos a ella. Recuerdo los problemas que tuve y cuánto me costó unirme a la iglesia. Creo que fui a ver al pastor unos cuatro o cinco días seguidos. Siempre estaba demasiado ocupado para recibirme, hasta que por fin le dije que no importaba, pues iría a la reunión de la iglesia y me recomendaría yo mismo como miembro. Entonces, de repente, encontró tiempo para verme, y así conseguí entrar en la iglesia y confesar mi fe en Cristo. Ese fue uno de los mejores días de trabajo que hice, cuando declaré abiertamente mi fe en Cristo y me uní a su pueblo. Creo que muchos podrían decir lo mismo; recuerdan cuando se unieron al pueblo de Dios y declararon públicamente su fe en Jesucristo.

La conversión debe ser obra del Señor. La única multiplicación de la iglesia de Dios que se debe desear es la que Dios envía: Has multiplicado la nación. Si aumentamos nuestras iglesias volviéndonos mundanos o acogiendo a personas que nunca han nacido de nuevo, o si aumentamos nuestras iglesias acomodando la vida del cristiano a la vida de la gente del mundo, nuestro aumento no vale nada en absoluto. Es una pérdida más que una ganancia. Si añadimos a nuestras iglesias por medio de la excitación y apelando a las emociones en lugar de explicar la verdad al entendimiento, o si añadimos a nuestras iglesias de cualquier otra manera que no sea por el poder del Espíritu de Dios haciendo a las personas nuevas creaciones en Jesucristo, el aumento no tiene ningún valor.

Un hombre se levantó de la calle y se le acercó al predicador Rowland Hill[11] una noche cuando volvía a su casa. Le dijo: "Sr. Hill, me alegro de verle, señor. Soy uno de sus conversos".

Rowland dijo: "Pensé que era muy probable que lo fueras. Usted no es uno de los conversos de Dios, o de lo contrario no estaría borracho perdido."

Hay una gran lección en esa respuesta. Mis conversos no son buenos. Los conversos de Rowland Hill podían emborracharse; pero los conversos del Espíritu de Dios, aquellos que son realmente renovados en el espíritu de su mente por una operación sobrenatural, estos son un verdadero incremento para la iglesia de Dios. Has multiplicado la nación. Oren mucho para que el Señor siga enviando conversos. Él nunca envía a las personas equivocadas. Por muy pobres que sean, por muy analfabetos, si se convierten, como lo harán si es el Señor el que los envía, esas son las personas que queremos. ¡Que Dios nos envíe miles más!

El pueblo que andaba en tinieblas ha visto gran luz; a los

---

11   Rowland Hill (1744-1833) fue un pastor evangélico inglés.

que habitaban en tierra de sombra de muerte, la luz ha resplandecido sobre ellos (Isaías 9:2). Cuando Dios trae a la gente a la iglesia, son personas que han sufrido un cambio muy notable. Han salido de una horrible oscuridad inconfundible a una luz maravillosa y preciosa. Dios no envía más personas que éstas.

Si no has sido cambiado por la gracia de Dios, si no eres una nueva creación en Cristo Jesús (2 Corintios 5:17), entonces la iglesia no puede recibirte como eres, y Dios no te ha enviado.

¿Quién puede hacernos pasar de las tinieblas a la luz sino Dios? ¿Quién puede obrar este gran milagro dentro del corazón? Las tinieblas del corazón son muy difíciles de mover. ¿Quién sino Dios puede hacer que la luz eterna irrumpa en las tinieblas naturales y nos convierta del poder de Satanás al poder de Dios?

La conversión debe llevarnos a tener una relación distinta con Cristo. *Porque un niño nos ha nacido, un hijo nos ha sido dado, y la soberanía reposará sobre sus hombros; y se llamará su nombre Admirable Consejero, Dios Poderoso, Padre Eterno, Príncipe de Paz* (Isaías 9:6). Queremos conversos que conozcan a este Cristo, hombres y mujeres para los que Él es Admirable, para los que se ha convertido en el Consejero. No queremos adiciones a la iglesia de aquellos que no pueden llamarlo el Dios poderoso, el Padre eterno. Queremos hombres y mujeres para quienes Cristo se ha convertido en el Príncipe de la Paz. Si estos se nos añaden, la iglesia crece en abundancia. Si se añaden otros, no hacen más que aumentar nuestra carga y convertirse en nuestra debilidad; en muchos casos se convierten en nuestra desgracia.

La alegría de cualquier iglesia en crecimiento será la que Dios dé. Ese es el tipo de personas que deseamos tener. Si alguien quiere ver crecer a la iglesia para que superemos a otras iglesias, ese no es el gozo que Dios da. Si nos gusta ver conversos porque nos alegra que nuestras opiniones se difundan, Dios no da ese gozo. Si deseamos conversos para poder robárselos a otras personas u otras iglesias, Dios no da esa alegría, si es que eso es una alegría. No creo que Dios ame a los ladrones de ovejas, y hay muchos de esos. No deseamos aumentar nuestro número quitando a los cristianos de otras comunidades cristianas. No, la alegría que Dios da es un placer claro y desinteresado por la glorificación de Cristo, por la salvación de las almas, por la difusión de la verdad y por la corrección de los errores.

El agricultor espera una cosecha. Dice: "Faltan tantas semanas para la cosecha". El agricultor siembra su semilla con miras a la cosecha. El tiene un granero, y tiene una trilladora, todo con la vista de la cosecha. Bueno, ahora, cada iglesia debería estar buscando una cosecha espiritual. Un pastor me dijo una vez: "He predicado por varios años, y creo que Dios ha bendecido la Palabra; pero nunca nadie viene a decírmelo".

Le dije: "El próximo día del Señor, diga a la gente: 'Estaré en el vestíbulo cuando termine el sermón para saludar a los amigos que se han convertido.'"

Para su sorpresa, entraron diez o doce. Estaba muy sorprendido y, por supuesto, encantado. No había buscado una cosecha, así que, por supuesto, no la había obtenido. Mi primer estudiante salió a predicar en Tower Hill, domingo tras domingo. Vino a verme y me dijo: "Llevo varios meses predicando en Tower Hill y no he visto ni una conversión".

Le dije con cierta dureza: "¿Esperas que Dios te vaya a bendecir cada vez que decidas abrir la boca?".

Respondió: "Oh, no, señor; no espero que lo haga".

"Entonces", le contesté, "por eso no recibes la bendición".

Debemos esperar una bendición. Dios ha dicho que Su Palabra no volverá a Él vacía (Isaías 55:11), y no lo hará. Debemos esperar una cosecha. El que predica el evangelio con todo su corazón debería sorprenderse si no oye conversiones. Debería empezar a decir en su corazón: "Estoy decidido a saber el motivo", y no parar hasta que lo haya descubierto. La alegría de la cosecha es lo que tenemos derecho a esperar.

Está obligado a regocijarse en la cosecha quien ha sufrido en el arado, en la siembra de la semilla, en la vigilancia de su cosecha cuando estaba en la espiga, y cuando las heladas, el tizón y el moho amenazaban con destruirla. Muchos de nosotros podemos regocijarnos en la alegría de la cosecha, porque en los convertidos a Cristo, vemos el fruto de los trabajos de nuestra alma.

Me parece que por lo general soy el abuelo espiritual de los que vienen, más que su padre en la fe; porque encuentro que muchos de ustedes, que Dios me dio en años pasados, son diligentes en la búsqueda de las almas de los demás. En el caso de muchos que se unen a la iglesia, su conversión se debe a esta hermana o a este otro hermano, más que a mi ministerio. Me alegro mucho de que sea así. Recientemente he hablado con dos amigos de este tipo, y ambos me dijeron: "Soy tu nieto espiritual". Uno de estos hombres era de Estados Unidos. Le pregunté: "¿Cómo es eso?". La respuesta fue: "El señor Fulano, a quien usted trajo a Cristo, vino a América, y él me trajo a mí a Cristo".

Es una alegría que tiene una base sólida sobre la que apoyarse. No conozco una ocasión más alegre que cuando hombres y mujeres jóvenes, y para el caso, hombres y mujeres mayores también, son llevados a confesar a Cristo y a unirse a Su pueblo. Es una cosa muy alegre asistir a una boda, pero siempre es un asunto de especulación en cuanto a cómo resultará; sin embargo, cuando se llega a ver a un alma rendirse a Cristo, no hay ninguna especulación al respecto. Tienes una bendita certeza.

Creo que los ángeles cantan más dulcemente que nunca cuando escuchan a un hombre, mujer o niño decir: "Confío en Jesús; confieso su nombre". Cuando sabemos y creemos que la verdadera fe en Cristo significa la salvación presente, hay un gran gozo en ello. He oído de algunos predicadores que dicen que no hay tal cosa como una salvación presente. Aunque predican constantemente, le dicen a la gente de vez en cuando que podrían ser salvos cuando lleguen a morir, pero no hay tal cosa como ser salvos ahora. Me gustaría presentarles a esos hermanos un pequeño "Catecismo para jóvenes e ignorantes", que al señor Cruden le gustaba regalar; porque si no son jóvenes, ciertamente deben ser ignorantes de los primeros principios de la fe. Ustedes son salvos si han creído en Cristo Jesús. Son salvos incluso ahora. Si no lo fueras, no veo ninguna razón por la que debamos alegrarnos por ti con la alegría de la cosecha.

Es una alegría a la que pueden unirse muchos, pues en la cosecha pueden alegrarse todos los que quieran. Ahí está el dueño del campo; se alegra. ¡Cuánto se alegra Cristo! Están los obreros; gritan cuando llevan a casa las cargas de trigo, pues conocen el trabajo que se ha realizado en ese campo de trigo.

Es necesario que los que trabajamos para Jesús también tengamos la alegría de la cosecha. También los curiosos, al pasar y ver la cosecha recogida, se detendrán y hasta darán un grito por encima del cercado. Si no te has salvado, puedes alegrarte de que otras personas lo hagan. Incluso si no vas a ir al cielo, alégrate de que otros elijan el camino de la bendición. Te invito incluso a que vengas a compartir con nosotros la alegría de la cosecha. El espigador que está en el campo dice: "Me he agachado muchas veces. Casi me he roto la espalda con el trabajo, y sólo he recogido este pequeño puñado". Te conozco, hermana, y me complace que traigas aunque sea uno a Cristo. Te conozco, hermano, y me alegro contigo de que traigas aunque sea un niño al Salvador. Aunque no seas más que un espigador, únete de todo corazón a nosotros en la alegría de la cosecha.

¿Qué decimos de los que nunca siembran? Pues que nunca cosecharán; nunca tendrán el gozo de la cosecha. ¿Me estoy dirigiendo a algún cristiano profesante que nunca siembra, que nunca habla una palabra en favor de Cristo, que nunca visita una casa y trata de presentar el nombre del Salvador, que nunca trata de llevar a los niños al Salvador, y que no toma parte en la enseñanza de la escuela dominical o en otro servicio para Cristo?

¿Me dirijo aquí a un hombre perezoso, espiritualmente vivo sólo para sí mismo? Oh, pobre alma, no me gustaría ser tú, porque dudo que puedas estar espiritualmente vivo en absoluto. Ciertamente el que vive para sí mismo está muerto mientras vive, y nunca conocerás el gozo de llevar almas a Cristo. Cuando llegues al cielo, si es que llegas, nunca podrás decir: "Aquí estoy, Padre, y los hijos que me has dado". Tendrás que permanecer eternamente solos, sin haber aportado ningún fruto a Dios en forma de conversiones del pecado. Sacúdanse, hermanos y hermanas, de la pereza pecaminosa.

> Sacúdanse, hermanos y hermanas, de la pereza pecaminosa.

"¡Oh!", dice alguien, "no soy el guardián de mi hermano". Ahora te diré tu nombre; es Caín. Tú eres el asesino de tu hermano, pues todo cristiano que profesa no ser el guardián de su hermano es el asesino de su hermano, y puedes estar seguro de que es así. Puedes matar por negligencia tan seguramente como puedes matar con el arco o con la daga.

¿Qué les decimos a los que nunca han cosechado? Bueno, eso depende. Tal vez acaben de empezar a sembrar. No esperes cosechar antes del tiempo de Dios. *Pues a su tiempo, si no nos cansamos, segaremos* (Gálatas 6:9). Hay una temporada determinada para cosechar; pero si llevas mucho tiempo sembrando semillas y nunca has cosechado, me permito preguntarte dónde compras tus semillas. Si yo sembrara mi huerto año tras año y nunca saliera nada, cambiaría el lugar donde compro mis semillas. Tal vez usted tiene una mala semilla y no ha sembrado el evangelio puro y sin diluir. No lo has sacado en toda su plenitud. Ve a la Palabra de Dios y obtén una *semilla para el sembrador* del tipo que alimentará tu propia alma, pues es *pan para el que come.*

Porque como descienden de los cielos la lluvia y la nieve, y no vuelven allá sino que riegan la tierra, haciéndola producir y germinar, dando semilla al sembrador y pan al que come, así será mi palabra que sale de mi boca (Isaías 55:10-11). Cuando se siembra ese tipo de semilla, sale a flote.

Capítulo 8

El Cuerpo Trabaja en Equipo

Porque el cuerpo no es un solo miembro, sino muchos (1 Corintios 12:14)

Tener un propósito noble y perseguir ese propósito con todas tus fuerzas evita que seas como "el ganado que es llevado", te saca de la niebla y la bruma del valle, y pone tus pies en la cima de la colina, donde puedes estar en comunión con Dios. Yo sugeriría a nuestros amigos más jóvenes que comiencen su vida cristiana con un propósito elevado y que nunca olviden ese propósito. Si vinieran los problemas, deberían decir: "Que vengan; mi rostro está puesto como un pedernal para hacer esta obra a la que mi Señor me ha llamado, y la perseguiré con todas mis fuerzas." Puede parecer que no hay ayuda espiritual en un consejo como éste, pero créanme que sí la hay. Si Dios te da la gracia para seguir adelante con el trabajo de tu vida, te dará también la gracia para superar los problemas de tu vida.

La obra de David se suma a la obra de otro. Eso debería ser una gran alegría para algunos de ustedes que no ven venir mucho resultado de lo que están haciendo. Su trabajo va a ser reforzado por el trabajo de alguien más.

Este es el orden de la providencia de Dios en su iglesia. No sucede a menudo que Él dé un trabajo completo a un hombre; más bien, parece decirle: "Ve y haz tanto, luego enviaré a alguien más para que haga el resto". Cómo debería alegrar esto a algunos de ustedes: el pensamiento de que tu trabajo puede no ser un fracaso (aunque en sí mismo pueda parecerlo), porque será añadido por el trabajo de alguien más que vendrá después de ti; así que estará muy lejos de ser un fracaso.

A veces has visto que una persona se compromete a poner los cimientos de una casa y a construirla hasta una determinada altura. Lo hará, pero no será el constructor de esa casa. Ese será el trabajo del siguiente contratista, que construye las paredes, pone el techo, y así sucesivamente. Sí, pero el que hizo el trabajo de los cimientos hizo mucho, y es tan constructor de la casa como el que construye las paredes.

> No vivimos para el honor, sino que vivimos para servir a Dios.

Me atrevo a decir que Salomón a menudo pensaba con gratitud en su padre David y en lo que había hecho; y tú y yo, si Dios nos bendice, deberíamos pensar siempre con gratitud en los David que nos precedieron. Si tienes éxito en tu clase de escuela dominical, hermana mía, recuerda que hubo una excelente mujer cristiana que tuvo la clase antes que tú. Vienes, joven, a la escuela dominical, y piensas que debes ser alguien muy grande porque has tenido varias conversiones en tu clase. ¿Qué hay del hermano que tuvo que dejar la clase por su mala salud? Tú ocupaste su lugar. ¿Quién sabe cuál de ustedes tendrá el honor en el último gran día?

¿A quién le importa el mérito? No vivimos para el honor, sino que vivimos para servir a Dios. Si yo puedo servir mejor a Dios excavando el sótano, y tú puedes servir mejor a Dios poniendo esa ventana ornamental, hermano mío, tú sigue con tu ventana, y yo seguiré con mi sótano, pues ¿qué importa lo que hagamos mientras la casa esté construida y Dios sea glorificado por ello? La providencia de Dios consiste en poner a una persona a hacer parte de una obra que se suma a la de otra persona.

Esto es un golpe terrible para el "yo". El "yo" dice: "Me gusta empezar algo por mí mismo, y me gusta llevarlo a cabo; no quiero ninguna interferencia de otras personas". El otro día, un amigo te propuso darte una pequeña ayuda en tu servicio. Lo miraste como si fuera un ladrón. Tú no quieres ninguna ayuda; estás a la altura del desafío. Eres como un carro con cuatro caballos y un perro debajo del carro. Hay todo lo que se quiere en ti. No necesitas la ayuda de nadie. ¡Puedes hacer todas las cosas casi sin la ayuda de Dios!

Lo siento mucho por ti si esa es tu opinión. Si entras en el servicio de Dios, puede que Él te diga: "Nunca empezarás nada, sino que siempre entrarás como el segundo hombre". Tal vez Dios te diga: "Nunca terminarás nada; siempre estarás preparando para que otro termine". Es bueno tener la ambición de no construir sobre los cimientos de otro hombre, pero no lleves esa idea demasiado lejos. Si hay un buen cimiento puesto por otro hombre, y tú puedes terminar la estructura, agradece que él haya hecho su parte - y regocíjate de que se te permita continuar su obra. Es la forma en que Dios golpea nuestro orgullo personal al permitir que el trabajo de una persona se una al de otra.

Creo que es bueno para la obra tener un cambio de trabajadores. Me alegro de que David no viviera más, porque no podía construir el templo. David tenía que morir. Tuvo un buen tiempo de servicio. Había reunido todos los materiales para el templo. Llega Salomón, con sangre joven y vigor juvenil, y continúa la obra.

A veces lo mejor que podemos hacer algunos ancianos es irnos a casa, al cielo, y dejar que alguna persona más joven venga a hacer nuestro trabajo. Sé que hay mucho dolor por la muerte del Dr. Fulano y la Sra. Mengano, pero ¿por qué? ¿No creen que, después de todo, Dios puede encontrar siervos tan buenos como los que ya ha encontrado? Él hizo a esos buenos hombres y mujeres, y no le falta poder; puede hacer a otros tan buenos como ellos.

Estuve presente en un funeral donde escuché una oración que me impactó bastante. Algún hermano había dicho que Dios podía levantar otro ministro igual al que estaba en el ataúd; pero la oración fue ofrecida por otro hombre que dijo que este predicador había sido ojos para su ceguera, pies para su cojera, y no sé qué más además de eso. Luego dijo: "Tu pobre e indigno siervo no cree que puedas o vayas a levantar otro hombre como él". Parece como si él no tuviera un Dios omnipotente, pero tú y yo sí lo tenemos, y con un Dios omnipotente, es por el bien de la obra que David se vaya a su descanso y que Salomón entre y continúe la obra.

Ciertamente esto crea unidad en la iglesia de Dios. Si todos tuviéramos una obra propia y estuviéramos encerrados por nuestra cuenta para hacerla, no nos conoceríamos; pero ahora yo no puedo hacer mi obra sin la ayuda de ustedes, mis queridos amigos, y en algunos aspectos, ustedes no pueden hacer su obra sin mi ayuda. Somos miembros unos de otros, y unos ayudan a los otros.

Necesitamos reclutas. Siempre los estamos buscando. Que Dios guíe a algunos que han estado del lado del pecado y del yo para que salgan y digan: "Pon mi nombre entre el pueblo de Dios. Por la gracia de Dios, voy a estar del lado de Cristo y ayudaré a construir su templo". Ven, hermano mío. Ven, hermana mía. Nos alegramos de tu ayuda. El trabajo no está hecho todavía. No es demasiado tarde para luchar en las batallas del Señor ni para ganar la corona de los vencedores. El Señor tiene un gran ejército de soldados de la cruz, y *a lo cual tú podrás añadir* (1 Crónicas 22:14). ¡Que Dios te salve! ¡Que Cristo te bendiga! ¡Que el Espíritu Santo te inspire!

Capítulo 9

Un Simple Servidor

He aquí, con grandes esfuerzos he preparado para la casa del Señor cien mil talentos de oro y un millón de talentos de plata, y bronce y hierro sin medida, porque hay en abundancia; también he preparado madera y piedra, a lo cual tú podrás añadir (1 Crónicas 22:14)[12]

La construcción del templo es un tipo admirable de la construcción de la iglesia de Dios. Si ustedes son obreros del Señor, si sus corazones están bien con Dios, creo que podré decir algunas cosas que los animarán a seguir trabajando, aunque ahora no vean ningún resultado inmediato de su trabajo.

Fueron muchos los que ayudaron a construir el templo. David organizó la recolección de los materiales. Salomón, por cuyo nombre se llamaría después el templo, lo construyó, con los príncipes que le ayudaron en la gran obra, junto con los extranjeros, los forasteros y los extranjeros que vivían en todo

---

12 Se cree que un talento en los tiempos del Israel bíblico pesaba unas setenta y cinco libras.

Israel y Judá. Todos ellos tuvieron una parte; incluso los de Tiro y de Sidón tuvieron una parte en la obra.

Hay muchos siervos de Dios cuyos nombres son poco conocidos, pero que, sin embargo, están haciendo una obra esencial para la edificación del reino de Dios. He conocido a muchas personas de este tipo que nunca han vivido para lograr un gran éxito. Sus nombres nunca han sido escritos en ningún gran templo que haya sido construido, pero sin embargo, han hecho admirablemente su parte, tal como lo hizo David.

David reunió los materiales. Muchas personas reúnen a la gente, pero no ven su éxito. Un hombre puede ser el fundador de una congregación cristiana, pero no vive para ver muchas conversiones. Reúne la materia prima sobre la que otro trabajará. Él ara y siembra, pero hace falta que otro hombre venga a regar la semilla, y quizás otro recoja la cosecha. Sin embargo, el sembrador hizo su trabajo y merece ser recordado por lo que hizo. David hizo su parte del trabajo al reunir los materiales para el templo.

David también mandó hacer algunos de los materiales para el templo. Hizo cortar las piedras de la cantera y mandó dar forma a muchas de ellas para que ocuparan su lugar, con el tiempo, en silencio en el templo, cuando se construyera sin ruido de martillo ni de hacha. Así, hay maestros y predicadores que ayudan a formar el carácter de sus alumnos y oyentes trabajando en sus mentes y corazones. Nunca construirán una gran iglesia, pero aun así están quitando las asperezas de las piedras. Las están preparando y formando, y con el tiempo el constructor vendrá y hará buen uso de ellas.

David preparó el camino para el templo de Salomón. Fue por su lucha que llegó el tiempo de paz en el que se pudo erigir el templo. Aunque se le llama hombre de sangre, era necesario que los enemigos de Israel fueran derribados. No podía haber paz hasta que sus adversarios fueran aplastados, y David lo hizo. No se oye hablar mucho de los hombres que preparan el camino para otros. Alguien más llega y aparentemente hace todo el trabajo, y su nombre es ampliamente conocido y honrado; pero Dios recuerda a los mensajeros, a los pioneros, a los hombres que preparan el camino, a los hombres que, echando fuera demonios, enfrentando y derrotando errores vergonzosos, y promoviendo reformas necesarias, preparan el camino para el progreso triunfal del evangelio.

David encontró el lugar para el templo. Lo descubrió, lo compró y se lo entregó a Salomón. No siempre recordamos a los hombres que preparan los lugares para los templos del Señor. Se recuerda con razón a Lutero, pero hubo reformadores antes de Lutero. Hubo cientos de hombres y mujeres que fueron quemados por Cristo, perecieron en prisión o fueron sometidos a muertes crueles por el evangelio. Lutero llegó cuando se había preparado la ocasión para él y cuando se había despejado el terreno sobre el que construir el templo de Dios, pero Dios también recuerda a todos esos héroes anteriores a la Reforma. Puede que tu deber sea despejar el terreno y preparar el camino para otros. Puede que mueras antes de ver colocada una sola piedra de tu propia obra, pero será tuya cuando esté terminada, y Dios se acordará de lo que has hecho.

Puede que tu deber sea despejar el terreno y preparar el camino para otros.

Fue David quien recibió los planes de Dios. El Señor escribió en su corazón lo que quería que se hiciera. Le dijo, hasta el peso de los candelabros y de las lámparas, todo lo que había que arreglar. Salomón, sabio como era, no planificó el templo. Tuvo que tomar prestados los diseños de su padre, que los había recibido directamente de Dios. Muchas personas pueden ver con mucha anticipación. Reciben el plan del evangelio en sus corazones, ven la forma en que se pueden hacer grandes cosas, y sin embargo no se les permite poner sus propias manos en la obra. Otra persona vendrá y llevará a cabo el plan que el primero recibió, pero no debemos olvidar al primer hombre que entró en el lugar secreto del Altísimo y aprendió en el lugar del trueno lo que Dios quería que su pueblo hiciera.

    David hizo una cosa más: antes de morir, dio una solemne exhortación a los demás. Instruyó a Salomón, a los príncipes y a todo el pueblo para que llevaran a cabo la obra de construcción del templo. Respeto al hombre que, en su vejez, cuando hay importancia en cada sílaba que pronuncia, concluye su vida exhortando a otros a llevar a cabo la obra de Cristo. Es algo especial, cuando uno está cerca del final de su vida, reunir a hombres jóvenes a su alrededor que tienen años de utilidad por delante, y poner sobre sus conciencias y sus corazones el deber de predicar a Cristo crucificado y ganar las almas de los perdidos para el Señor.

    Ves que David había hecho su parte para construir el templo. ¿Has hecho tu parte? Eres un hijo de Dios. Dios te ha amado y te ha elegido. Has sido redimido con sangre preciosa. Sabes que no debes pensar en trabajar para salvarte. Eres salvo, pero ¿has hecho diligentemente todo lo que puedes hacer por tu Señor y Maestro?

    Hay mucho más que puedes hacer por Jesucristo en tu familia, en tu negocio y en el barrio donde vives. ¿Podrías irte a la cama esta noche y cerrar los ojos por última vez, sintiendo que "he terminado el trabajo que Dios me dio para hacer? ¿He hecho todo lo que he podido para ganar almas?

    Me temo que algunos tienen un talento envuelto en una servilleta, escondido en la tierra. Desentiérralo antes de que se cubra de óxido y dé testimonio contra ustedes. Sácalo y ponlo al interés celestial para que tu Señor tenga lo que tiene derecho a recibir. Hombres y mujeres cristianos, ¡debe haber mucha energía sin usar en la iglesia de Dios! Tenemos un gran dínamo que nunca se utiliza. Oh, que cada uno haga su parte, ¡así como David hizo la suya!

Pronto nos iremos; nuestro día no dura mucho. *La noche viene cuando nadie puede trabajar* (Juan 9:4). ¿Se dirá de ti o de mí que desperdiciamos la luz del día? ¿Se dirá de nosotros que, cuando llegaron las sombras de la tarde, nos sentimos intranquilos e infelices, y que, aunque salvados por la gracia divina, morimos con tristes expresiones de pesar por las oportunidades desperdiciadas?

No hace mucho tiempo, me senté junto a la cama de uno que era muy rico. Oré con él. Esperaba encontrarlo regocijándose en el Señor, pues sabía que era un hijo de Dios; pero era un hijo de Dios con una pequeña deformación en los dedos: nunca podía abrir la mano como debía hacerlo. Cuando me senté a su lado, me dijo: " Ruega a Dios con todas tus fuerzas que pueda vivir tres meses más, para que tenga la oportunidad de utilizar mis riquezas en la causa de Cristo". No vivió mucho más de tres horas después de haber dicho eso.

> Oh, que cada uno haga su parte, ¡así como David hizo la suya!

¡Oh, si se hubiera despertado un poco antes para hacer por el reino y la causa del Maestro lo que debería haber hecho! Entonces no habría tenido ese remordimiento que lo perturbara en sus últimas horas. Conocía el valor de la preciosa sangre, y descansaba en ella. Tenía un gran gozo al saber que toda su esperanza y toda su confianza estaban en su Señor, y que se había salvado, pero era con mucho pesar y temblor. Quiero evitar a cualquiera de ustedes que tenga una riqueza semejante en su lecho de muerte.

Si hay un joven que tiene la capacidad de predicar el evangelio o de estar haciendo algo por Cristo, y no está haciendo nada, estoy seguro de que eso le causará dolor uno de estos días. Cuando su conciencia esté completamente despierta y su corazón se acerque a Dios más de lo que ha estado, lamentará amargamente no haber aprovechado cada oportunidad para hablar de Cristo y procurar llevar almas a Él.

David había hecho su parte en las dificultades. *Ahora, he aquí que en mi pobreza he preparado para la casa del Señor cien mil talentos de oro.* En el margen de sus Biblias, podrían encontrar las palabras "en mi pobreza". Es extraño que David hablara de pobreza cuando sus donaciones ascendían a muchos millones de dólares.

David pensó poco en lo que había preparado. Lo llama pobreza, creo, porque es la manera de los santos de considerar muy poco lo que hacen por Dios. Los hombres más generosos del mundo son los que menos piensan en lo que dan a la causa de Dios. David, con sus millones que da, dice, *En mi pobreza he preparado para la casa del Señor.* Al mirar el oro y la plata, se dijo: "¿Qué es todo esto para Dios?". Cuando consideró el bronce y el hierro, que no se podía contar porque era mucho y muy costoso, pensó que todo era nada para Jehová, que llena el cielo y la tierra y cuya grandeza y gloria son del todo indecibles.

Si has hecho todo lo que puedes por Dios, te sentarás y te lamentarás de no poder hacer diez veces más. Tú, que haces poco por el Señor, serás como una gallina con un solo polluelo; pensarás mucho en ello. Pero si tienes un gran número de obras y estás haciendo mucho por Cristo, desearás poder hacer cien veces más. Algunos cristianos quieren tener todo el tiempo soleado, y que los pájaros canten todo el día y toda la noche para complacerlos. Si reciben una reprimenda, o si alguien les parece un poco frío, no harán más. He visto a muchas personas que se llamaban a sí mismas cristianas que eran como niños tontos jugando, que dicen, cuando algo les ofende, "no jugaré más". Huyen a la primera palabra brusca que oyen. Pero David, en el día de su aflicción, cuando su corazón estaba a punto de romperse, siguió con su gran obra de proveer para la casa de Dios.

David se preparó para la casa del Señor en su aflicción, y no me cabe duda de que fue un consuelo para su dolor. Tener algo que hacer por Jesús y seguir adelante con ello es una de las mejores maneras de superar un duelo -o cualquier tipo de pérdida o dolor-. Si puedes perseguir algún gran propósito, no sentirás que estás viviendo para nada. No te sentarás en la desesperación, porque cualquiera que sea tu problema, todavía tendrás esto para vivir: "Quiero ayudar a construir el reino de Dios, y haré mi parte en él sin importar lo que me suceda. Ya sea en la pobreza o en la riqueza, en la enfermedad o en la salud, en la vida o en la muerte, mientras haya aliento en mi cuerpo, seguiré adelante con la obra que Dios me ha encomendado."

En muchas obras cristianas, tendrán que prescindir de mí uno de estos días, pero eso no importará. Habrá alguien que continuará la obra del Señor, y mientras la obra continúe, ¿qué importa quién la haga? Dios entierra al obrero, pero el mismo diablo no puede enterrar la obra. La obra es eterna, aunque los obreros mueran. Nosotros pasamos como una estrella tras otra se va apagando, pero la luz eterna nunca se apaga. Dios tendrá la victoria. Su Hijo vendrá en su gloria. Su Espíritu será derramado entre el pueblo, y aunque no sea este hombre o aquel hombre o aquel otro hombre, Dios encontrará al hombre que llevará su causa hasta el fin del mundo y que le dará la gloria.

Capítulo 10

Con Dios Nada es Imposible

¿No está con vosotros el Señor vuestro Dios? ¿Y no os ha dado paz por todos lados? Pues Él ha entregado en mi mano a los habitantes de la tierra, y la tierra está sojuzgada delante del Señor y delante de su pueblo. (1 Crónicas 22:18)

Que cada hombre y cada mujer de entre nosotros juzgue su vida, no sólo a partir de la pequeña porción de ella que nosotros mismos vivimos, pues eso no es más que un vapor, sino que la juzguemos por su conexión con otras vidas que puedan venir después de la nuestra. Si no podemos hacer todo lo que deseamos, hagamos todo lo que podamos, con la esperanza de que alguien que venga después de nosotros pueda completar el proyecto que es tan querido para nuestro corazón.

Esa es una maravillosa oración que escribió Moisés: *Manifiéstese tu obra a tus siervos, y tu majestad a sus hijos* (Salmo 90:16). Estaremos bastante satisfechos de hacer el trabajo sin ver mucho de la gloria si podemos saber que en otra generación el trabajo que habremos hecho producirá gloria a

Dios que será vista entre los hijos de los hombres. Nos basta con hacer hoy el trabajo de hoy; dejemos que otro haga el trabajo de mañana si no estamos para hacerlo. Haz hoy lo que te viene a la mano, y no pases el tiempo soñando con el futuro. Deja ese telescopio. ¿Por qué intentas mirar hacia los próximos cien años? Lo importante no es lo que ves con tus ojos, sino lo que haces con tu mano. Hazlo, y hazlo de una vez, con todas tus fuerzas, creyendo que Dios encontrará a alguien más para continuar con la siguiente parte del trabajo cuando tú hayas terminado tu parte.

Hay también otro cautivante pensamiento aquí, y es la continuidad de la bendición divina. Dios estuvo con David en la recolección de los grandes tesoros para la construcción del templo; luego Dios estuvo también con Salomón. ¡Oh, qué misericordia es que Dios no haya dado toda su gracia a otras personas antes de que nosotros viniéramos al mundo! El Dios de la gracia no vació todo el cuerno de la gracia sobre la cabeza de Whitefield o de Wesley. No derramó todas las bendiciones de su Espíritu sobre George Muller y John Newton para no dejar nada para nosotros. No, y hasta el final de los tiempos, Él será el mismo Dios que fue ayer y que es hoy. No hay interrupción en la bendición del Señor. Él no ha dejado de ser misericordioso. *He aquí, no se ha acortado la mano del Señor para salvar; ni se ha endurecido su oído para oír* (Isaías 59:1).

Dios entierra a sus obreros, pero su obra continúa. Él, el Gran Obrero, no se cansa de su obra, ni nunca fracasará ni se desanimará. Todos sus propósitos eternos se cumplirán. *Debido a la angustia de su alma, Él lo verá y quedará satisfecho* (Isaías 53:11). Por lo tanto, tengamos buen corazón si nos hemos inclinado a mirar el futuro con temor. El Señor Jesús aún vive, y se encargará de que su iglesia viva y trabaje *hasta que el Señor mismo descenderá del cielo con voz de mando, con voz de arcángel y con la trompeta de Dios, y los muertos en Cristo se levantarán primero* (1 Tesalonicenses 4:16).

Estamos construyendo un templo en un sentido espiritual. Dios ha enviado a sus siervos al mundo para que reúnan para su hermosa casa piedras extraídas de la cantera de la humanidad, para darles forma, pulirlas y prepararlas para construir el templo de su gracia. La iglesia es el templo vivo de Dios, *de gran magnificencia* (1 Crónicas 22:5). Es una idea maravillosa que los corazones y las almas de los hombres puedan mezclarse y construirse en un templo espiritual en el que Dios morará. Este templo ha de construirse con piedras extraídas de la cantera de la humanidad, y estando Dios con nosotros, tú y yo hemos de salir a labrar y dar forma y preparar las piedras para la construcción de esta casa del Señor que será eterna.

> Recuerda que cuando eres débil, entonces eres fuerte, si te apoyas en la omnipotencia de Dios.

¿No está el Señor, su Dios, con ustedes? Iré a cualquier distancia con el hermano que le gusta predicar sobre la incapacidad del hombre y nuestra total y completa debilidad aparte del Creador. Creo que no puedes exagerar en ese aspecto; pero no sigas insistiendo siempre en tu propia debilidad. Recuerda que cuando eres débil, entonces eres fuerte, si te apoyas en la omnipotencia de Dios.

¿No está el Señor, tu Dios, contigo? ¿Nos ha enviado al mundo con el evangelio, y no estará con nosotros? ¿Nos ha enviado para ser el medio de buscar almas, y ha hecho que nuestros corazones se duelan por los pecados que la gente ha cometido contra Él, y no estará con nosotros? No hablemos como si tuviéramos que vivir y trabajar sin nuestro Dios. Hemos sido llevados a conocerlo. Hemos sido hechos miembros del cuerpo de Cristo, pues el Espíritu Santo mora en nosotros, si somos lo que profesamos ser: la iglesia del Dios vivo. ¿No ocupará la casa que ha construido? ¿No está el Señor, tu Dios, contigo? Entonces, ¿qué puede ser demasiado difícil para ti?

A Dios le agrada estar con su pueblo. Él es nuestro Padre, y ¿no les gusta a los padres estar con sus hijos? El padre cariñoso dice, cuando tiene pequeños en casa: "Volveré pronto de mis negocios para poder pasar la tarde con mi familia". Nos sentimos más felices cuando, dejando a un lado las preocupaciones externas, dejamos atrás el mundo y descansamos con nuestros seres queridos en casa.

Dios está en casa con su pueblo, y como nuestro Padre, se deleita en sus hijos. Recuerda que la divina Sabiduría dijo: *y teniendo mis delicias con los hijos de los hombres* (Proverbios 8:31). Es una cosa maravillosa poder decir que Dios se complace mucho más en nosotros que nosotros en Él; sin embargo, parece que no hay nada en nosotros que pueda darle placer, mientras que en Él hay todo lo que puede proporcionarnos deleite. El Señor ama tanto a su pueblo que nunca está lejos de él.

Un hermano que se iba a Australia vino a despedirse de mí. Me hizo un pequeño resumen de su vida durante sus veintitrés años anteriores. Luego dijo: "Sí, señor, usted me impulsó a trabajar por Cristo; no me dejaba estar ocioso. Usted dijo: 'La peor clase de personas perezosas son los cristianos perezosos', y también dijo que venir dos veces un domingo a oírle predicar, y no estar haciendo nada por el Maestro, no es en absoluto lo correcto". Entonces el hombre añadió: "Ahora no puedo escucharle a menudo. He sido secretario de una escuela dominical durante algún tiempo, y a menudo salgo a predicar, así que no puedo venir al Tabernáculo". Me complace que muchos miembros no vengan a oírnos predicar porque están haciendo la obra del Maestro en otra parte.

Sé que en muchas iglesias lo principal es sentarse en la última fila y ser alimentado. Bueno, por supuesto que toda criatura necesita ser alimentada, desde el cerdo hacia arriba.

Deben disculpar que mencione a ese inmundo animal, porque es la criatura cuyo principal negocio es ser alimentada, y no es una criatura agradable en absoluto. No admiro en absoluto a los cristianos cuyo único negocio es ser alimentados. Incluso los he oído refunfuñar acerca de un sermón que estaba destinado a la conversión de los pecadores, porque pensaban que no había alimento para ellos en él. Son grandes receptáculos de comida, pero, queridos cristianos, ninguno de ustedes debe vivir simplemente para ser alimentado, ni siquiera con comida celestial. Si Dios está con ustedes, como dicen que está, entonces pónganse a trabajar.

"¿Qué debo hacer?", pregunta alguien. Eso no es asunto mío. Tienes que encontrar trabajo por ti mismo. El que trabaja para Dios no necesita ir a esta o aquella persona y preguntar: "¿Qué debo hacer?". Haz lo primero que se te ocurra, pero ponte a trabajar para tu Maestro. Muchos cristianos viven en aldeas del campo donde no hay predicación del evangelio; entonces predícalo tú mismo. "¡Oh, pero yo no podría!" Pues entonces, consiga a alguien que pueda. "Pero no tenemos capilla", dice alguien. ¿Para qué quieres una capilla en estos días luminosos? Predica en el prado del pueblo, donde los viejos árboles que se cortaron hace uno o dos años todavía están allí y servirán de asientos.

"No podría predicar", dice alguien. "Me derrumbaría". Eso sería una cosa excelente; los sermones de derrumbe son a menudo los mejores para derrumbar a otras personas así como al predicador. Algunas de las más grandes empresas del mundo han surgido de causas muy pequeñas. El bosque de los robles más poderosos del mundo fue una vez sólo un puñado de bellotas. Oh, que todos hagamos lo que podamos por Aquel que dio su vida por nosotros y que sigue permaneciendo en nosotros, para ser nuestro gozo y nuestra fuerza.

David animó a la gente a poner su corazón en lo que tenía que hacer: *Disponed ahora vuestro corazón y vuestra alma para buscar al Señor vuestro Dios* (1 Crónicas 22:19). ¡Oh, cuánto hay de nuestra religión que es una especie de adormecimiento celestial! El predicador predica como si no se hubiera despertado todavía, y el pueblo escucha de la misma manera. ¿No hay, incluso en nuestras iglesias, muchos que, si una moneda o dos tintinearan, estarían lo suficientemente despiertos para buscarla, pero cuando se predica el evangelio, no están completamente despiertos? En cuanto a hablar con los extraños y decir una palabra para el Maestro, eso todavía no se les ha ocurrido.

"No sé qué puedo hacer", dice alguien. Hermano, si el versículo bíblico es cierto, no sé lo que no puedes hacer. ¿No está el Señor tu Dios contigo? "Bueno, no podría..."

¿No podría? ¿No podría? ¿Pones a Dios y "no podría" juntos? Creo que sería infinitamente mejor poner Dios y "puedo" o Dios y "quiero" juntos. Si Dios está con nosotros, ¿qué puede ser imposible? ¿Qué puede ser incluso difícil para nosotros? Cuando Dios está con su pueblo, *el débil entre ellos aquel día será como David, y la casa de David será como Dios, como el ángel del Señor delante de ellos* (Zacarías 12:8).

Capítulo 11

Debemos Llevar Fruto

La higuera ha madurado sus higos, y las vides en flor han esparcido su fragancia.
(Cantar de los Cantares 2:13)

La vid es, de todos los árboles, el más inútil si no da frutos. No se puede hacer nada con ella. No se puede cortar de una vid madera suficiente para colgar de ella una maceta. No se puede convertir en muebles, y apenas se puede utilizar en lo más mínimo para construir. Debe dar fruto o consumirse en el fuego. Las ramas de la vid que no dan fruto se cortan necesariamente, y se utilizan, como he visto que se utilizan en el sur de Francia muchas veces, en pequeños manojos retorcidos para encender un fuego. Se queman muy rápidamente, por lo que pronto se acaban y desaparecen.

La vid se utiliza constantemente en la Biblia como imagen de la iglesia nominal de Cristo; así que, como la vid, debemos dar fruto o seremos considerados inútiles. Debemos servir a Dios. Debemos producir, desde nuestra propia alma, amor a Dios y servicio a Él como el fruto de nuestra naturaleza renovada, o de lo contrario somos inútiles, sin valor, y sólo permaneceremos nuestro tiempo antes de ser cortados para ser quemados. Nuestro fin será la destrucción si nuestra vida no es fructífera.

Esto da una importancia muy solemne a nuestras vidas, y debe hacer que cada uno de nosotros se pregunte seriamente: "¿Estoy produciendo frutos para Dios? ¿He dado *frutos dignos de arrepentimiento*?" (Mateo 3:8). Porque si no es así, pronto sentirás el filo del machete del Viñador y serás apartado de cualquier tipo de unión que tengas ahora con la iglesia, que es la vid de Cristo, y serás arrojado por encima del muro como una cosa inútil cuyo fin es ser quemado.

Debemos dar fruto o ciertamente pereceremos. No podemos tener fruto si no tenemos a Cristo. Debemos estar unidos a Cristo, ser vitalmente uno con Él, así como una rama es realmente, de manera viva, una con el tallo. De nada serviría atar una rama al tallo de la vid; eso no haría que diera fruto. Debe estar unido a él en una unión viva, y así debemos estar unidos a Cristo en una unión viva.

Debemos dar fruto o ciertamente pereceremos.

¿Saben, por experiencia, lo que significa esa expresión? Si no lo sabes por experiencia, no lo sabes en absoluto. Nadie sabe lo que es la vida sino el que está vivo, y nadie sabe lo que es la unión a Cristo sino el que está unido a Cristo. Debemos hacernos uno con Cristo por un acto de fe; debemos insertarnos en Él como se coloca el injerto en la incisión hecha en el árbol en el que se va a injertar. Entonces debe haber una unión entre los dos -una unión vital, una unión de vida y un flujo de savia- o de lo contrario no podrá haber ningún fruto.

Una vez más, digo, ¡qué seria es nuestra vida! ¡Cuán serio debe ser nuestro cuestionamiento de nosotros mismos! *Entre las divisiones de Rubén había gran escudriñamiento de corazón* (Jueces 5:16), y así debería ser en este asunto. Que cada uno de nosotros se pregunte: "¿Estoy dando fruto? No puedo hacerlo a menos que esté vitalmente unido a Cristo. He profesado abiertamente que estoy en Cristo, pero ¿estoy dando fruto para su honra y gloria?"

Me parece escuchar a alguien decir: "Espero haber comenzado a dar algo de fruto, pero es muy poco en cantidad y es de muy mala calidad. Supongo que el Señor Jesús ni siquiera lo notará". Bien, ahora, escuchen lo que dice el texto; es el Esposo celestial. Es el propio Cristo quien habla a su esposa y la invita a entrar en la viña y mirar a su alrededor. Porque, dice, *y las vides en flor han esparcido su fragancia.*

Así que, como ves, había algún **fruto**, aunque sólo se podía hablar de la uva en flor. Algunos leen el pasaje como si las vides en flor dieran fragancia, mientras que otros piensan que se refiere a la uva justo cuando empieza a formarse. Era una pobre cosita, pero el Señor de la viña fue el primero en notarlo. Si hay algún pequeño fruto para Dios en alguien, nuestro Señor Jesucristo puede verlo. Aunque la uva esté apenas formada, aunque sea sólo como una flor que apenas ha comenzado a brotar, Él puede ver el fruto, y se deleita en ese fruto.

Otra uva tierna es una **fe humilde en Jesucristo**. La persona sólo necesita decir sinceramente: *Creo; ayúdame en mi incredulidad* (Marcos 9:24).

Luego viene otra uva tierna, y es un **cambio de vida genuino**. Evidentemente, la persona se ha dado la vuelta. No está mirando en la dirección que solía mirar, y no está viviendo como solía vivir. Al principio falla, y puede fallar muchas veces, como un niño que está aprendiendo a caminar y tiene muchas caídas; pero el niño nunca caminará si no se cae un poco.

Otro fruto muy bendito de la vida espiritual en el alma es la **devoción secreta**. La persona nunca había orado mucho. A veces iba a un lugar de culto, pero no le importaba mucho. Ahora trata de quedarse a solas para orar en privado tan a menudo como puede.

¿Qué estima el Señor de estas tiernas uvas? ¿Qué piensa Él de ese dolor por el pecado, de esa poca fe, de esa humilde confianza en Su sacrificio expiatorio, de ese ferviente intento de vivir una vida cambiada, de ese cansancio de la frivolidad, de esa oración privada y del estudio de las Escrituras, de ese ansioso deseo de más gracia, y de ese amor infantil? ¿Qué piensa el Señor de todo esto?

Bueno, en primer lugar, piensa tanto en ello que llama a su iglesia para que venga a verlo. Miren los versículos que preceden a nuestro texto: *Mi amado habló, y me dijo: «Levántate, amada mía, hermosa mía, y ven conmigo. Pues mira, ha pasado el invierno, ha cesado la lluvia y se ha ido. Han aparecido las flores en la tierra; ha llegado el tiempo de la poda, y se oye la voz de la tórtola en nuestra tierra. La higuera ha madurado sus higos, y las vides en flor han esparcido su fragancia. Levántate amada mía, hermosa mía, y ven conmigo»* (Cantares 2:10-13).

Luego dice: Las vides con la uva tierna dan buen olor. ¿A qué huelen? Pues huelen a **sinceridad**. Tú dices: "Ese joven no sabe mucho, pero es muy sincero". Veo a muchas personas que vienen a hacer una confesión de su fe en Cristo que no conocen tal o cual doctrina o no han tenido tal o cual experiencia, pero son muy sinceros. Puedo decir que son genuinos por la forma en que hablan. A menudo cometen errores tan espantosos, desde el punto de vista teológico, que sé que no lo han aprendido de memoria, como podrían haberlo hecho para una lección. Hablan directamente desde sus corazones amorosos pero ignorantes, y me gusta que lo hagan, porque demuestra cuán verdaderos y sinceros son en lo que dicen. Nuestro Señor Jesús ama la sinceridad. No hay olor tan odioso como el de la hipocresía. Una experiencia religiosa hecha a la medida, una charla religiosa como la que algunos se permiten, que no es más que jerga religiosa, es un hedor en

Nuestro Señor Jesús ama la sinceridad.

las narices de Dios. ¡Que el Señor nos salve de ello! Pero estas vides con la uva tierna dan el dulce olor de la sinceridad.

Además, hay un dulce olor de lo que **siente el corazón** de estos jóvenes creyentes. ¡Oh, cuán tiernos son generalmente, cuán serios, cuán vivos! Algunas de las personas mayores eventualmente hablan de las cosas de Dios como si fueran irrelevantes y no hubiera nada de especial interés en ellas, pero no es así con estas almas recién nacidas. Todo es brillante y fresco y están vivas y llenas de seriedad, y a Jesús le encanta esa clase de espíritu.

También es seguro que hay en estos jóvenes cristianos el dulce olor del **celo** por las cosas de Dios, y por mucho que se hable en contra del celo, yo lucharé por él mientras viva. En la obra de Dios, no podemos prescindir del fuego. Cuando veo a nuestros jóvenes, hombres y mujeres, llenos de celo por la gloria de Dios, digo: "¡Dios los bendiga! Que sigan adelante". Algunos de los viejos quieren poner un freno en la boca de estos jóvenes fogosos y refrenarlos, pero espero estar siempre cerca de ellos, para decirles: "No, déjenlos ir tan rápido como quieran. Si tienen celo sin conocimiento, es mejor que tener conocimiento sin celo; sólo esperen un poco, y obtendrán todo el conocimiento que necesitan."

Estos jóvenes creyentes tienen otro dulce aroma. Son **enseñables**, listos para aprender, dispuestos a ser enseñados de las Escrituras y de aquellos cuyas instrucciones Dios bendice para sus almas.

También hay otro olor delicioso en ellos, y es que generalmente están llenos de **gozo**. Mientras ellos están cantando a la gloria de Dios, algún querido y viejo hermano que ha conocido al Señor durante cincuenta años está gimiendo. ¿Qué le pasa a ese buen hombre? Ojalá pudiera contagiarse del dulce gozo de los que acaban de encontrar al Salvador. Hay algo delicioso en todo gozo cuando es gozo en el Señor, pero hay un brillo especial en el gozo de los recién convertidos.

Algunas personas parecen pensar que sólo los cristianos avanzados son dignos de atención, pero nuestro Señor no es de esa opinión. "Oh, fueron sólo muchas niñas pequeñas las que se unieron a la iglesia", dijo alguien. "¿Muchas niñitas?" Esa no es la forma en que nuestro Señor Jesucristo habla de sus hijos. Él las llama hijas del Rey, y deja que sean llamadas así. "Sólo eran un grupo de niños y jóvenes". Sí, pero son el material del que están hechos los ancianos, y los muchachos y los jóvenes, después de todo, son de mucha consideración en la estima del Maestro. Que siempre tengamos muchos así.

Capítulo 12

Sólo para Su Gloria

Pero Jesús, dándose cuenta, les dijo: ¿Por qué molestáis a la mujer? Pues buena obra ha hecho conmigo. (Mateo 26:10)

Estudia atentamente la historia de la devota mujer cristiana que derramó el perfume de alabastro con el precioso ungüento sobre la cabeza de nuestro bendito Señor y Salvador. Sus primeros y últimos pensamientos fueron para el propio Señor Jesús.

Procura hacer algo por Jesús que sea sobre todo un sacrificio sagrado de puro amor a Él. Haz un trabajo especial y privado para tu Señor. Que entre tú y tu Señor haya manifestaciones especiales de tu amor hacia Él. Podrías decirme: "¿Qué debo hacer?". Me niego a responder. No he de ser juez por ti, especialmente en lo que se refiere a una obra privada de amor.

La buena mujer no le dijo a Pedro: "¿Qué debo dar?". No le preguntó a Juan: "¿Qué debo hacer?". Su corazón era ingenioso. Intercedan por su prójimo. Oren por ustedes mismos, pero ¿no podrían apartar un poco de tiempo cada día en el que la oración debería ser toda para la obra del Señor? ¿No podrían en esos momentos clamar con súplicas secretas: *Santificado sea tu nombre. Venga tu reino, hágase tu voluntad en la tierra como en el cielo* (Mateo 6:9-10)? ¿No sería algo maravilloso en esos momentos sentir que puede subir a su lugar privado de oración y darle a su Señor unos minutos de la más cálida oración de su corazón, para que Él vea la pasión de tu alma (Isaías 53:11)?

Eso es algo que todos los santos pueden hacer. Otra ofrenda santa es la adoración, la adoración de Jesús. Con demasiada frecuencia olvidamos esta adoración cuando nos reunimos, o la arrinconamos. La mejor parte de todas nuestras reuniones públicas es la adoración - la adoración directa - y en esta adoración, el primer lugar debe ser dado a la adoración del Señor Jesús. A veces cantamos para edificarnos unos a otros con salmos e himnos, pero también debemos cantar simplemente y sólo para glorificar a Jesús. Debemos hacer esto cuando estamos con otros, pero ¿no deberíamos hacerlo también cuando estamos solos? ¿No deberíamos todos nosotros, si podemos, encontrar algún tiempo en el que nos dediquemos, no a buscar el bien de nuestros semejantes o a buscar nuestro propio bien, sino a adorar a Jesús, a bendecirlo, a magnificarlo, a alabarlo, a derramar el amor de nuestro corazón hacia Él, y a presentarle la reverencia y el remordimiento de nuestra alma? Te sugiero esto, pero no puedo enseñarte cómo hacerlo. El Espíritu Santo de Dios debe mostrar a sus corazones el camino.

Ahora les ofrezco un pequeño consejo sobre cómo hacer buenas obras para Jesús. Tengan cuidado de que el yo nunca se meta. Debe ser todo para Jesús. No dejen que los dedos repulsivos del egoísmo manchen su trabajo. Nunca hagas nada por Jesús por amor a la popularidad. Alégrate siempre de que tu mano derecha no sepa lo que hace tu mano izquierda. En la medida de lo posible, oculta tus obras a la alabanza incluso de tu amigo más sensato.

Al mismo tiempo, permítanme añadir que nunca deben temer ningún tipo de crítica de quienes no conocen su amor por Jesús. Esta buena mujer hizo su trabajo públicamente porque era la mejor manera de honrar a su Señor. Si usted puede honrarlo haciendo una buena obra en el mercado ante muchos otros, no tenga miedo. Para algunos, la tentación puede ser atraer la atención pública; para otros, la tentación puede ser temerla. Sirve a tu Señor como si nadie te estuviera mirando, pero no te avergüences, ni te dé miedo, aunque todos los ojos del universo te miren. En cualquier caso, no permitas que el yo entre y contamine el servicio.

Nunca te felicites a ti mismo después de haber realizado una obra para Jesús. Si te dices a ti mismo: "¡Bien hecho!", te has sacrificado a ti mismo. Piensa siempre que si hubieras hecho todo como es debido, no sería más que tu servicio razonable. *Así también vosotros, cuando hayáis hecho todo lo que se os ha ordenado, decid: «Siervos inútiles somos; hemos hecho solo lo que debíamos haber hecho».* (Lucas 17:10).

> **Nunca te felicites a ti mismo después de haber realizado una obra para Jesús.**

Recuerda que las obras sacrificadas son las más aceptables para Jesús. Él ama los dones de su pueblo cuando dan y sienten que realmente han dado. A menudo debemos medir lo que hacemos por Él, no por lo que hemos dado, sino por lo que nos queda. Si nos queda mucho, no hemos dado tanto como aquella viuda que dio dos moneditas. Es cierto que no lo hemos hecho, porque ella dio todo su sustento. *Levantando Jesús la vista, vio a los ricos que echaban sus ofrendas en el arca del tesoro. Y vio también a una viuda pobre que echaba allí dos pequeñas monedas de cobre; y dijo: En verdad os digo, que esta viuda tan pobre echó más que todos ellos; porque todos ellos echaron en la ofrenda de lo que les sobraba, pero ella, de su pobreza, echó todo lo que tenía para vivir* (Lucas 21:1-4).

Sobre todo, mantengamos fuera de nuestro corazón el pensamiento tan común y general en esta vida, de que nada vale la pena hacer si no sale algo práctico de ello. Por práctico, quiero decir algún resultado obvio sobre la moral o el beneficio material de otros. Es casi universal hacer la pregunta: *¿Cui bono?* - "¿Cuál es el bien que se saca de esto? ¿Qué bien me hará a mí? ¿Qué bien le hará a mi vecino? ¿Para qué sirve este despilfarro?". No, pregunta sólo si va a glorificar a Cristo, y si es así, hazlo, y acepta ese motivo como la más alta y concluyente de las razones.

Si algo que haces por Cristo produce la antipatía o desaprobación de otros y amenaza con privarte de algunas ventajas, hazlo de todos modos. Considero que mi propio carácter es mejor que la popularidad, y que las ganancias mundanas son como polvo comparadas con la fidelidad al Señor Jesús. Es la lógica del diablo la que te dice: "Ves, no puedes salir y proclamar la verdad porque tienes una esfera de influencia que sólo conservas cuando no te involucras a decir cosas que ellos consideran incorrectas".

Haz lo que es correcto y no temas.

¿Por qué deberíamos preocuparnos por esto? Haz lo que es correcto y no temas. Las consecuencias están en la mano de Dios y no en la tuya. Si has hecho una buena obra para Cristo, aunque a tus pobres ojos borrosos les parezca que ha salido un gran mal de ella, sin embargo la has hecho. Cristo la ha aceptado y la marcará, y en tu conciencia, te dará Su sonrisa de aprobación.

Hay una buena defensa para cualquier tipo de trabajo que puedas hacer para Jesús, y sólo para Jesús. Por muy grande que sea el costo, nada se desperdicia si se usa para el Señor, pues Jesús lo merece. ¿Qué pasa si no hizo ningún bien a nadie más? ¿Le complace a Él? Él tiene derecho a ello. ¿No hay que hacer nada por el Maestro de la fiesta? ¿Debemos estar tanto tiempo cuidando de las ovejas que nunca mostramos honor al Pastor? ¿Debemos cuidar a los siervos, y no hacer nada por el propio Señor, el bien amado?

A veces he sentido en mi alma que desearía no tener a nadie a quien servir, excepto a mi Señor. Cuando he tratado de hacer lo mejor para servir a Dios, y un crítico de sangre fría ha hecho pedazos mi trabajo, he pensado: "no lo hice por ti. No lo habría hecho por ti. Lo hice por mi Señor. Tu juicio es un asunto menor. Condenas mi celo por la verdad. Condenas lo que Él manda".

Entonces, puedes ir a tu servicio y pensar: "Lo hago por Cristo, y creo que Él acepta mi servicio. Estoy bien contento". Jesús merece que se haga mucho enteramente para Él. ¿Dudas de ello? En el cumpleaños de un padre, un hijo podría traer un regalo a la casa sólo para él. Ese regalo no sirve para la madre ni para los hijos; no se puede comer ni usar. El padre no podría regalarlo a nadie, y no tiene ningún valor para nadie más que para él mismo. ¿Alguien dirá: "Qué lástima que se haya traído un regalo así, aunque el padre esté contento"? No, todo el mundo dice: "Eso es justo lo que nos gusta regalar a nuestro padre, ya que debe guardarlo para él. Nuestra intención era que fuera para él. No pensamos en dárselo a nadie más. Nos alegramos de que tenga que usar nuestro regalo para su propio placer". Así es con respecto a Jesús. Averigua lo que le complacerá y hazlo por Él. No pienses en nadie más en el asunto. Él merece todo lo que puedas hacer, e infinitamente más.

Además, puedes estar seguro de que cualquier acción que te parezca inútil, si la haces por amor a Jesús, tiene un lugar en el plan de Cristo y será muy provechosa. Se dijo que la unción de la cabeza de nuestro Señor era inútil. *"Pues al derramar ella este perfume sobre mi cuerpo, lo ha hecho a fin de prepararme para la sepultura"* (Mateo 26:12).

Ha habido personas que han hecho actos heroicos por Cristo, y en el momento en que lo hicieron podrían haberse preguntado:

"¿Cómo favorecerá esto el propósito de mi Señor?". Pero de alguna manera era lo que se necesitaba. Cuando Whitefield y Wesley salieron a los campos a predicar, se pensó que era una idea descabellada, y tal vez no lo habrían intentado si no hubiera habido una necesidad absoluta. Sin embargo, por lo que entonces parecía una acción atrevida, dieron un ejemplo a toda Inglaterra, y la predicación al aire libre se ha convertido en un método aceptado con muchos beneficios. Si, por amor a Cristo, te vuelves quijotesco[13], está bien; tu irracionalidad puede ser la sabiduría de los siglos venideros.

El acto de amor de la mujer que ungió la cabeza de nuestro Señor no fue en vano. Nos ha ayudado a todos hasta este mismo momento. Ha permanecido allí en el Libro, y todos los que lo han leído y tienen la motivación de corazón, y se han inspirado en él para consagrarse a servir a Jesús por amor a Él. Esa mujer ha estado proclamando la verdad de Dios durante dos mil años. La influencia de ese perfume de alabastro continúa hasta hoy, y siempre estará presente. Cada vez que te encuentras con un amigo en Europa, Asia, África o América que ha hecho algo por nuestro Señor Jesús, sigues oliendo el perfume del ungüento sagrado. Su acto consagrado nos está haciendo bien a todos en esta hora; está llenando este lugar con su fragancia.

Si usted está sirviendo a Jesucristo a su manera privada y no busca beneficiar a otros tanto como honrarlo a Él, podría ser un ejemplo instructivo para los cristianos en las edades venideras. ¡Oh, si pudiera mover algunos corazones a una consagración personal a Jesús, mi Señor! Jóvenes, necesitamos misioneros que vayan al extranjero; ¿ninguno de ustedes está listo para ir? Mujeres jóvenes, necesitamos quienes cuiden a los enfermos en los lugares más bajos de nuestras ciudades; ¿ninguna de ustedes se consagrará a Jesús, el Salvador?

---

13 Es una referencia a Don Quijote, un personaje del libro de Miguel de Cervantes del mismo título. El Quijote era un personaje con ideales y acciones aparentemente insensatos y poco prácticos. Por lo tanto, "quijotesco" significa aparentemente idealista, irreal, impráctico, imposible, etc.

Estreché la mano de un buen misionero de Cristo de África occidental. Llevaba allí dieciséis años. Creo que consideran que cuatro años es el tiempo medio de vida de un misionero en esa región donde la malaria es común. Había enterrado a doce de sus compañeros en su tiempo allí. Durante doce años, apenas si había visto la cara de algún hombre blanco. Iba a África para vivir allí un poco más, tal vez, pero esperaba morir pronto, dijo. Luego añadió, mientras yo le estrechaba la mano: "Bueno, puede que muchos de nosotros muramos: tal vez cientos de nosotros lo hagamos; pero Cristo vencerá al final. África conocerá y temerá a nuestro Señor Jesús; y ¿qué importa lo que sea de nosotros -nuestro nombre, nuestra reputación, nuestra salud, nuestra vida- si Jesús vence al final?" ¡Qué palabras tan heroicas! ¡Qué espíritu misionero!

Capítulo 13

Fuego y Martillo

¿No es mi palabra como fuego —declara el
Señor— y como martillo que despedaza la roca?
(Jeremías 23:29)

Cuando el Señor habló por medio de su siervo, Jeremías, su palabra era como un fuego. Había algo ardiente en ella. A la naturaleza humana no le gustaba, pero la naturaleza humana estaba hecha para sentir su fuerza y poder. Cuando los falsos profetas hablaban, se inclinaban ante el pueblo y decían toda clase de cosas suaves y agradables; pero cuando Jeremías hablaba en nombre de Jehová, cada palabra parecía caer sobre sus oyentes. Era como cuando un hombre poderoso levanta un mazo y lo hace caer con toda su fuerza sobre la piedra que quiere romper. El mensaje no consolaba a los impíos, sino que les rompía el corazón, pues el profeta buscaba, si era posible, separarlos de sus pecados.

El buey conoce a su dueño, y el asno el pesebre de su amo (Isaías 1:3), y no somos tan tontos como para no saber qué verdad es la que alegra y reconforta nuestros corazones, y qué clase de enseñanza es la que nos alegra en medio del invierno de nuestros corazones. Hay demasiadas enseñanzas hoy en día que no reconfortan a un ratón. Podrías escucharla por toda la eternidad y nunca ser aliviado de una sola onza de la carga de la vida. Podrías entrar y salir de la casa de Dios, y quizás dirías: "Sí, es muy bonito; pero ¿qué es eso para alguien que tiene la carga de la vida que llevar y la batalla de la vida que librar?"

Pero cuando oyes el glorioso evangelio del bendito Dios, te levanta de tus desánimos y te hace decir: "Vale la pena vivir, vale la pena sufrir y vale la pena seguir adelante, porque vemos el gran amor que el Señor tiene hacia nosotros y qué cosas buenas tiene reservadas para los que le aman." La Palabra del Señor es como un fuego, pues calienta y reconforta los corazones de su pueblo.

La Palabra de Dios es como un martillo que rompe la roca en pedazos. No creo que se requiera una gran educación para aprender a usar un martillo. Puede ser, pero parece que para usar un martillo correctamente, uno no tiene que hacer nada más que golpear con él. Alguien que rompe piedras, por ejemplo, consigue un buen martillo fuerte y un montón de piedras para golpear, y sólo tiene que golpearlas tan fuerte como pueda y seguir golpeándolas hasta que todas se rompan.

> **Hermanos, cuando prediquen, tomen el martillo del evangelio y golpeen tan fuerte como puedan con él.**

Hermanos, cuando prediquen, tomen el martillo del evangelio y golpeen tan fuerte como puedan con él. "Oh", podríais decir, "pero debo tratar de mejorar el aspecto de mi martillo; ¡debe tener un mango de caoba!". No te preocupes por el mango de caoba; usa tu martillo para golpear, porque los martillos no son para adornar, sino que están destinados a ser usados para un trabajo duro de verdad.

Cuando llegas a usar el evangelio como debe ser usado, el

resultado es maravilloso; es una cosa que rompe rocas. "¡Oh!", gritas, "¡Hay un hombre muy obstinado allí!" Golpéenlo con el evangelio. "¡Pero él ridiculiza y se burla de la verdad!" No importa si lo hace; sigue golpeándolo con el evangelio. "Pero en cierto vecindario, he balanceado este martillo contra la roca durante años, y no ha salido nada de ello". Siga golpeándolo, porque este es un martillo que nunca ha fallado. Sólo sigue utilizándolo.

No todo se logra con un solo golpe, ni, tal vez, con veinte golpes. La roca que no cede la primera vez, ni la segunda, ni la tercera, ni la vigésima, cederá al final. A cada golpe de martillo se produce un proceso de desintegración. La gran masa de roca se mueve interiormente, incluso cuando no se ve que lo hace. Al final llegará un golpe de martillo que parecerá que ha logrado la hazaña, pero todos los golpes anteriores contribuyeron a ello y llevaron a la roca al estado adecuado para romperla finalmente.

Martilla, entonces, con nada más que el evangelio de Jesucristo. El corazón que es golpeado puede no ceder incluso año tras año, pero cederá al final.

Ahora, pon las dos cosas juntas -el fuego y el martillo- y verás cómo Dios forma a sus siervos que han de ser instrumentos para su uso. Él nos pone en el fuego de la Palabra. Nos derrite, nos ablanda, nos somete. Luego nos saca del fuego y nos da forma con golpes de martillo como sólo Él puede dar, hasta que nos ha hecho instrumentos adecuados para Su uso. Entonces sale a su sagrada obra de conquistar a las multitudes, teniendo en sus manos los instrumentos pulidos que ha forjado con el fuego y el martillo de su Palabra.

Cuántas veces hemos visto a hombres que no han sido conmovidos ni siquiera por la ley de Dios, finalmente ganados para Cristo por el evangelio - ¡el evangelio de la gracia gratuita y el amor moribundo! Es el evangelio del perdón total para los más grandes pecadores, y el perdón inmediato e irreversible se da en un momento a cada pecador que cree en Cristo. ¡Oh, cómo este evangelio ha actuado como un fuego y ha quemado toda la oposición del pecador! ¡Cómo este evangelio ha sido también como un martillo para derribar la terquedad humana! Este es el evangelio de la redención a través de la preciosa sangre de Jesús. Este es el evangelio que habla de la plena expiación hecha por nosotros. Este es el evangelio que proclama que cada centavo del precio del rescate ha sido pagado, y que por lo tanto, quien cree en Jesús es libre de la ley, libre de la culpa, y libre del infierno. La proclamación de este evangelio ha hecho que los corazones de los hombres ardan dentro de ellos, ha sacado los mismos cerebros del pecado, y ha hecho que los hombres corran alegremente hacia Cristo.

Entonces, ¡predica el evangelio! Proclamen el evangelio de la justificación por la fe, el evangelio de la regeneración por el Espíritu Santo y el evangelio de la perseverancia final por el amor inmutable de Dios. Predica todo el glorioso evangelio del bendito Dios tal como se revela en el pacto de gracia, y estarás haciendo un trabajo de fuego y martillo de la mejor clase.

Como la Palabra de Dios es como un fuego y como un martillo, si la hemos usado en nosotros mismos, tratemos de usarla en otros. Creo que hay muchas personas en este mundo a las que damos por perdidas, que nunca han sido realmente probadas con el evangelio en toda su vida. Me temo que hay personas de las que hablamos como improbables de ser convertidas, que nunca han sido llevadas completamente bajo la influencia del fuego de la Palabra de Dios o bajo la caída del martillo del evangelio.

"He traído a una persona a la iglesia", dice alguien. Me alegro de que lo hayas hecho; pero ¿has hablado alguna vez con fidelidad a esa persona sobre su alma? "Bueno, no creo que lo haya hecho. Sólo le he hablado un poco de estas cosas".

¿Alguna vez le has presentado el evangelio con claridad?

"Bueno, no creo que él sea el tipo de persona a la que se le puede hablar de esa manera". ¡Ah! Ya veo. Tú pensaste que ibas a quemarlo sin usar el fuego, y a romper esa roca sin levantar el martillo.

El hecho es que tú creías que en su caso se necesitaba algo mejor que el fuego evangélico, o que se necesitaba algo más suave que el martillo evangélico. ¿No vas a probar con ese viejo martillo en él? ¿No probarán ese viejo fuego en él?

He oído de congregaciones donde los hombres han dicho: "No se puede hacer nada bueno allí". Me he preguntado qué pasaría si trataran de predicar uno de los sermones evangélicos a la antigua. ¿Qué resultados se obtendrían si consiguieran que Whitefield predicara o que alguien más predicara la misma verdad que Whitefield predicó?

Cuando me dicen que los corazones de la gente no se ven afectados por la predicación en ningún lugar, pregunto: "¿Pero fue el evangelio con el que trataste de afectarlos? ¿Fue la propia Palabra de Dios la que se predicó?". Nuestras palabras son como bolitas de papel lanzadas contra la pared; no logran nada. Pero la Palabra de Dios es como un disparo de uno de los más grandes cañones de Woolwich[14]. Allí donde va, aplasta todo obstáculo y destruye todo lo que se le opone.

> Que sea el mismo evangelio para los niños que el que le das a los adultos.

¿Por qué no hemos de poner siempre toda la verdad ante aquellos a los que queremos salvar? Creo que a veces, incluso en las escuelas dominicales, se enseña a los niños "a amar al suave Jesús", etc., como si ese fuera el camino de la salvación. ¿Por qué no decirles que crean en el Señor Jesucristo? ¿Por qué se supone que el amor sustituye a la fe? Que sea el mismo evangelio para los niños que el que le das a los adultos. Denles

---

14 Woolwich era un distrito del sureste de Londres que era una importante ciudad militar.

el mismo evangelio y observen lo que sucede. Que se intente hacer esta obra en todas partes.

"Pero", dice alguien, "hay ciertos lugares donde no se puede hacer ningún bien si se intenta predicar el evangelio. Hay que complacer a la gente. Debes tener diversión y entretenimiento y deportes para ellos. Debes tener juegos y obras de teatro y conciertos". Muy bien. Convierte a los pecadores de esa manera si puedes. No me opongo a ningún método que resulte en ganar almas. Pónganse de cabeza si eso va a salvar a la gente; pero aun así, me parece que si la Palabra de Dios es como un fuego, no hay nada como ella para quemar su camino. Si la Palabra de Dios es como un martillo, no puede haber nada como esa Palabra para derribar todo lo que se interpone en el camino de Jesucristo. ¿Por qué, entonces, no deberíamos probar continuamente el evangelio, y nada más que el evangelio?

"Bueno", dice alguien, "pero la gente pobre está sucia; debemos tener varias mejoras sanitarias". Por supuesto que debemos hacerlo; pongan manos a la obra tan pronto como puedan. Cuantas más cosas de este tipo haya, mejor. No hay nada como el jabón y la pintura para la gente sucia y los lugares sucios, pero puedes pintarlos y limpiarlos todo lo que quieras, pero eso no salvará sus almas sin el evangelio de Cristo. Puedes ir a ellos y rogarles que no se emborrachen, y espero que lo hagas; cuanto más lo hagas, mejor. Haz que cada uno de ellos esté sobrio si puedes, pues será una gran bendición para ellos; pero aun así, no habrás hecho nada permanente si te detienes ahí. ¡Prueba el evangelio! ¡Prueben el Evangelio! ¡Prueben el evangelio!

Cuando se probó el evangelio contra el mundo en los días de Pablo -cuando el poder del gran imperio de Roma había aplastado la libertad y cuando la lujuria del tipo más abominable hacía que el mundo apestara en las narices de Dios- no se hizo otra cosa que predicar a Jesucristo y a éste crucificado, y la gente común oyó hablar de Jesucristo, oyó hablar de él con gusto y creyó en él.

Muy pronto, cayeron los falsos dioses y las lujurias brutales del imperio romano, y una gran parte del mundo se llenó del evangelio. Tendrá que hacerse de nuevo, y debe hacerse de nuevo. Recuerde, sin embargo, que sólo se debe hacer por esa misma Palabra del Señor que lo hizo la primera vez. Cuanto antes volvamos a esa Palabra, mejor. Cuanto más desechemos todo lo demás, excepto la simple proclamación de esa Palabra, más rápida será la victoria y más rápido y seguro será el triunfo de nuestro Dios y de su Cristo.

Capítulo 14

Cuidado con las Zorras

Cazadnos las zorras, las zorras pequeñas que arruinan las viñas, pues nuestras viñas están en flor. (Cantar de los Cantares 2:15)

Queridos jóvenes amigos que se han convertido recientemente a Jesucristo, hay zorras por ahí. Intentamos por todos los medios rellenar los huecos de los setos para que no entren las zorras, pero son muy astutas y a veces consiguen entrar. Las zorras de Oriente son mucho más pequeñas que las nuestras, y parecen ser aún más astutas y feroces que los de este país, y hacen mucho daño a las viñas.

En la viña espiritual hay muchas clases de zorras. Está, en primer lugar, **el que critica todo**. Este estropeará las vides si puede, y especialmente las vides que tienen las uvas tiernas. Ese encuentra fallas en todo lo que puede ver en ustedes, que son jóvenes creyentes. Tú sabes que simplemente dependes de Cristo para la salvación, pero esta persona dice: "No eres hijo de Dios, pues estás lejos de ser perfecto". Si Dios no tuviera hijos excepto los que son perfectos, no tendría ninguno bajo el cielo.

Estas personas excesivamente críticas encontrarán faltas en esto y aquello y en la otra cosa de tu vida y carácter. Tú sabes muy bien que tienes muchas imperfecciones, y si las buscan, pronto las encontrarán. Entonces dirán: "No creemos que haya ninguna gracia en ti", aunque sabes que por la gracia de Dios eres lo que eres. Puede ser que haya un defecto en ti que ellos hayan descubierto. Tal vez te tomaron por sorpresa y de repente te rendiste al pecado. Puede que incluso te hayan tendido una trampa y te hayan atraído a ella, provocándote a la ira y luego volviéndose y diciendo: "Has hecho una profesión de seguir a Jesús, ¿verdad? Ese es tu tipo de cristianismo, ¿verdad?" y así sucesivamente. ¡Que Dios te libre de estas crueles zorras!

A menudo, Dios lo hará permitiéndote no prestarles atención. Al fin y al cabo, ésta es sólo la forma en que todos los cristianos han sido juzgados, y no hay nada extraño en tu experiencia de estas personas condenatorias. Ellas no son tus jueces, y no serás condenado porque ellas te condenen. Ve y haz lo mejor que puedas en el servicio de tu Señor. Confía en Cristo y no prestes atención a lo que dicen, y te librarás de esa clase de zorra.

Confía en Cristo y no prestes atención a lo que dicen, y te librarás de esa clase de zorra.

Sin embargo, una zorra peor aún que esas es **aquel que adula**. Se acerca a ti halagando y sonriendo, y comienza a expresar su aprobación de tus creencias cristianas y muy probablemente te dice lo buena persona que eres. De hecho, eres tan bueno que piensa que eres demasiado estricto y preciso en tu cristianismo y que te has pasado un poco de la raya. Cree plenamente en el cristianismo, dice, aunque si observas su vida, te darás cuenta que no es así.

Sin embargo, dice que no quiere que la gente sea demasiado justa. Sabe que hay que trazar una línea, y la traza. Nunca pude ver dónde la trazó, pero aún así dice que lo hace, y piensa que tú trazas la línea un poco demasiado cerca de la cruz. Dice: "Se te permite ser un poco más mundano; no puedes pasar por la vida muy bien si sigues como estás. Si no permaneces en la sociedad, más vale que salgas del mundo de una vez. ¿Por qué te quieres hacer ver tan superior?".

Sé lo que busca; quiere que vuelvas a estar entre los impíos. Satanás te echa de menos y quiere que vuelvas. Está enviando al Sr. Adulador para que te atraiga de nuevo, si es posible, a tu antigua esclavitud a él. Aléjate de esa zorra de inmediato. A la persona que te dice que eres demasiado estricto en la búsqueda de la santidad hay que decirle claramente que no quieres su compañía.

Nunca vivió una persona que fuera demasiado santa, y nunca vivirá nadie que imite a Cristo demasiado de cerca o que evite el pecado demasiado rígidamente. Siempre que alguien diga que eres demasiado puritano, podrás oler a una de estas zorras. Sería mejor que todos fuéramos más puritanos y estrictos. ¿No nos ha dicho nuestro Padre: *Sed santos, porque yo soy santo* (1 Pedro 1:16)? ¿No dijo nuestro Señor Jesús a sus discípulos: *Sed, pues, perfectos, como vuestro Padre que está en los cielos es perfecto* (Mateo 5:48)?

Luego viene otra zorra: el Sr. Sabio Mundano[15]. Él te dice: "Eres un cristiano, pero no seas tonto. Lleva tu religión tan lejos como puedas hacer que te beneficie, pero si vas a perder algo por ello, pues no lo hagas. Verás, esta práctica es la costumbre del oficio. No está bien, lo sé, pero aun así, otras personas lo hacen, y tú también deberías hacerlo. Si no lo haces, nunca tendrás éxito en el negocio".

El Sr. Sabio Mundano continúa diciendo: "No es un gran problema si dices una o dos mentiras o haces que tus anuncios exageren un poco las cosas. Todo el mundo lo hace, así que ¿por qué no ibas a hacerlo tú? Entonces, ve si puedes obtener

---

15 Esto es de un personaje de la alegoría clásica de Juan Bunyan, El progreso del peregrino, también disponible en Aneko Press.

un poco más de tu cliente aquí y un poco más allá cuando él no lo sabe; es la costumbre del oficio. Es la forma en que otras personas hacen las cosas, y como es la costumbre, por supuesto que debes hacerlo".

A todo ese discurso respondo que hay otra costumbre, una costumbre que Dios tiene de llevar a todos los mentirosos al infierno. Tengan cuidado de no caer bajo esa regla y ley divina. Hay aún otra costumbre que Dios tiene: la de cortar como hipócritas a los que no caminan honesta y rectamente hacia sus semejantes. El alegato a favor de lo que es costumbre no resistirá ni un momento en el tribunal de Cristo, y no debería tener ningún peso para nosotros aquí. Sé que hay muchos jóvenes que, a menos que estén atentos y sean cuidadosos al comienzo mismo de su vida espiritual, se volverán cojos y nunca caminarán como deberían, porque este zorro los ha mordido.

Hay otra zorra fea, y es la zorra de **la duda**. Viene y dice: "Pareces muy feliz y muy alegre; pero ¿es verdad? Parece que te has convertido en una persona muy diferente de lo que solías ser, pero ¿existe, después de todo, tal cosa como la conversión?" Esta zorra empieza a mordisquear todas las doctrinas. Incluso mordisquea tu Biblia y trata de robarte este capítulo y aquel versículo. ¡Que Dios los salve a ustedes, jóvenes, de todas estas zorras!

Hay algunas zorras de **la mala doctrina**, y generalmente tratan de arruinar a nuestros jóvenes. No creo que nadie intente ahora convertirme de mis creencias. El otro día, cuando un hombre estaba discutiendo con otra persona, le pregunté: "¿Por qué no intentas conmigo?" "Oh", dijo, "te he dado de baja como un caso malo. Es inútil tratar de hacer algo contigo". Así es cuando llegamos a estar completamente asentados en nuestras convicciones de la verdad. Nos abandonan, y generalmente dicen que somos tan tontos que no podemos aprender su sabiduría, lo cual es bastante correcto, y pretendemos estar sin su sabiduría mientras vivamos.

Sin embargo, con algunos de los más jóvenes, lo manejan de manera diferente. Dicen: "Ahora eres una persona de considerable amplitud de pensamiento, tienes una mente abierta y eres una persona de cultura. Es triste que te aferres a esas creencias anticuadas, que no son realmente coherentes con el progreso moderno". El joven insensato se cree grande, y por eso se hincha de orgullo.

Cuando un hombre tiene que hablar de su propia cultura y cuando se gloría de su propio avance, es hora de que sospechemos la verdad sobre él. Cuando un hombre puede despreciar a otros que están haciendo mucho más bien de lo que él jamás soñó hacer, y cuando puede llamar a esas personas anticuadas y pasadas de moda, es hora de que se le reprenda por su falta de respeto, porque eso es lo que realmente es. Estos hombres inteligentes, por lo que yo conozco, están simplemente cubiertos de un pequeño aprendizaje que no tiene ni una milésima de pulgada de espesor. En la mayoría de ellos no hay nada más que mera apariencia y desvarío.

> En primer lugar, mantente cerca de Cristo, pues en Él está tu vida; después, mantente cerca de Su Iglesia, su pueblo, pues este es tu consuelo.

Hay algunas personas, sin embargo, que se aferran firmemente al viejo evangelio, que han leído tanto como estas malvadas zorras y son totalmente iguales a ellas en el aprendizaje, aunque no se preocupan por presumir de sus logros. No quiero que ninguno de ustedes, jóvenes, se dejen llevar por la opinión de que todas las personas educadas son herejes. A menudo es lo contrario, y es aquel filósofo fingido y superficial el que va corriendo detrás de la herejía. Apártense del camino de esa zorra, o hará mucho daño a las tiernas uvas.

Si tienes alguna señal de vida espiritual, si tienes alguna uva tierna en tus ramas, el diablo y sus zorras seguramente te perseguirán. Por lo tanto, esfuérzate por acercarte lo más posible a dos personas que se mencionan constantemente en mi texto, a saber, el Rey y su esposa. En primer lugar, mantente cerca de Cristo, pues en Él está tu vida; después, mantente cerca de Su Iglesia, su pueblo, pues este es tu consuelo. Acércate a personas cristianas de edad avanzada y busca aprender de aquellos que han conocido al Señor durante mucho tiempo. Aprende a vivir para Dios de aquellos que están más lejos que tú en el camino celestial.

Los peregrinos a Sión deben ir al cielo en compañía, y a menudo, cuando van en compañía y pueden conseguir a algún Sr. Gran Corazón que vaya delante de ellos, eso les salva de muchos Gigantes Mente-débil y de muchos Gigantes Mugrosos, y tienen un viaje seguro y feliz a la Ciudad Celestial, donde de otro modo podrían haber estado oprimidos y preocupados.

Manténganse cerca del pueblo de Dios, quienesquiera que sean; ellos son la mejor compañía para ustedes, jóvenes creyentes. Algunos Cristianos pueden, como el Peregrino de Bunyan, iniciar el camino al cielo ellos solos; pero se pierden mucho consuelo que podrían haber tenido con compañeros de espíritu afín. En cuanto a Cristiana y sus hijos, y especialmente los más jóvenes, harán bien en viajar con uno de los campeones del Señor y con el resto de los soldados del Señor que portan estandartes y marchan hacia la Ciudad Celestial.[16]

---

16 Al igual que con el Sr. Sabio Mundano, Peregrino, el Sr. Gran Corazón, el Gigante Mente-Débil, el Gigante Mugroso, Cristiana y la Ciudad Celestial son todos nombres de personas o lugares de El Progreso del Peregrino de Juan Bunyan. A Charles Spurgeon le encantaba ese libro. Dijo: "Después de la Biblia, el libro que más valoro es El progreso del peregrino de Juan Bunyan. Creo que lo he leído por lo menos cien veces. Es un volumen del que parece que nunca me canso; y el secreto de su frescura es que está compilado en gran medida de las Escrituras"

Capítulo 15

Las Cosas Buenas Toman Tiempo

Caiga como la lluvia mi enseñanza, y destile como el rocío mi discurso, como llovizna sobre el verde prado y como aguacero sobre la hierba. (Deuteronomio 32:2)

Todos debemos ser maestros del evangelio según nuestra capacidad, y la manera de hacerlo es siendo como la llovizna sobre el verde prado. Tal vez digan: "Bueno, yo sería una pequeña lluvia sin ningún gran esfuerzo, pues no tengo mucho en mí". Tal vez sea así, pero esa pequeña llovizna tiene una forma propia con la que compensa su pequeñez.

¿Cómo lo hace, te preguntarás? Lo hace al seguir cayendo día tras día. Cualquier jardinero te dirá que se hace más con muchas horas de lluvia suave que en un periodo corto con un chaparrón. El goteo constante penetra, satura y permanece.

Pequeñas acciones de bondad ganan el amor aún más ciertamente que un gran acto de buen corazón. Si no puedes decir mucha verdad evangélica a la vez, sigue diciendo un poco y dilo a menudo. Si no puedes salir con un camión de grano para un ejército, alimenta a las aves de corral con un puñado a la vez. Si no puedes dar al pueblo la plenitud de la doctrina como los profundos predicadores de épocas anteriores, puedes al menos contar a otros lo que el Señor te ha enseñado, y luego pedirle que te enseñe más.

A medida que aprendes, enseña; a medida que te dan, da; a medida que recibes, distribuye. Sé como la llovizna suave sobre la hierba tierna del prado. ¿No crees que al tratar de llevar a la gente a Cristo a veces tratamos de hacer demasiado a la vez? Roma no se construyó en un día, ni un barrio se salvará en una semana. La gente no siempre recibe todo el evangelio la primera vez que lo escucha.

Romper corazones para Jesús es algo así como partir madera; tenemos que trabajar con cuñas que son muy pequeñas en un extremo, pero que aumentan de tamaño a medida que se clavan. Unas pocas frases bien pronunciadas y apropiadas pueden dejar una impresión, mientras que el intento de forzar la conversión de una vez en una persona puede provocar resistencia y hacer daño. Conténtate con soltar una o dos palabras hoy y otra o dos mañana. Pronto podrás decir con seguridad el doble, y dentro de una semana podrás mantener una larga conversación claramente cristiana. Pronto puede suceder que donde la puerta se cerró bruscamente en tu cara, te conviertas en un visitante bienvenido, mientras que si hubieras forzado tu entrada al principio, habrías destruido efectivamente toda oportunidad futura.

Hay muchos beneficios en hablar en el momento adecuado. Podemos mostrar nuestra sabiduría en no hacer y no decir, tanto como en hacer y decir. El tiempo es un gran ingrediente del éxito. Hablar fuera de tiempo mostrará nuestro celo, pero no siempre nuestro sentido común. *Predica la palabra; insiste a tiempo y fuera de tiempo; redarguye, reprende, exhorta con mucha paciencia e instrucción* (2 Timoteo 4:2). Debemos ser oportunos tanto a tiempo como fuera tiempo, pero esto no implica hablar incesantemente. Sugiero a todos los que desean ser ganadores de almas por medio del esfuerzo personal que sean como la llovizna sobre el verde prado. La lluvia es estacional y está de acuerdo con su entorno. La lluvia no cae mientras un sol abrasador está quemando las plantas, o podría matarlas; tampoco la lluvia cae siempre, o podría dañarlas. No introduzcas tus exhortaciones cuando estén fuera de lugar, y no estés hablando incesantemente, incluso de lo mejor de la verdad, no sea que canses con divagaciones a quienes deseas convencer con argumentos.

> La lluvia suave está destinada a entrar en la hierba para que pueda beber el alimento y ser verdaderamente refrescada.

Si esperas en el Señor para que Él te guíe, Él te enviará cuando seas más útil, así como lo hace con la lluvia. Dios te dirigirá en cuanto a tiempo y lugar si te pones a su disposición.

La lluvia suave está destinada a entrar en la hierba para que pueda beber el alimento y ser verdaderamente refrescada. La lluvia no es para empapar la hierba o inundarla, sino para alimentarla, para revivirla, para refrescarla. Esto era lo que buscaba Moisés. Esto es lo que pretenden todos los verdaderos predicadores de Cristo. Deseamos que la palabra que pronunciamos entre en las almas de los que nos escuchan, que sea asumida en la naturaleza más íntima y produzca su propio resultado divino.

¿Por qué parece que algunas personas nunca aprecian el concepto de la llovizna sobre el verde prado? Supongo que es, en primer lugar, porque algo de ello puede estar por encima de su comprensión. Si escuchas un sermón y no sabes en absoluto de qué está hablando el predicador, ¿cómo puede beneficiarte? Si el predicador utiliza el lenguaje de púlpito de clase alta del día, lleno de términos teológicos y eruditos y palabras griegas y hebreas, entonces el oyente generalmente pierde su tiempo, y el predicador ha desperdiciado su trabajo.

Una persona me dijo: "Si yo fuera a tal o cual iglesia no necesitaría mi Biblia, pero sí un diccionario, pues de lo contrario no sabría lo que el pastor quiere decir". ¡Que nunca nos ocurra eso a nosotros! Cuando la gente no puede entender el significado de nuestro lenguaje, ¿cómo podemos esperar que pueda beber en el sentido interno?

No podemos alimentarnos de lo que está arriba y fuera de nuestra vista. Progresar en teología está muy bien, pero no sirve de nada para las pobres almas de aquí abajo que no pueden entender estos términos. Las plantas tiernas no se refrescan con el agua que se lleva en las nubes, sino que necesitan que baje a la tierra y humedezca sus hojas y raíces. Si no se acerca a ellas, ¿cómo pueden refrescarse con ella? Las fuentes de Versalles son muy grandiosas, pero para la pequeña maceta en una ventana, una taza de la mano de un niño vertida cerca de la raíz será suficiente.

Como llovizna sobre el verde prado. Ahora bien, observa que al mirar a tu alrededor entre la humanidad, siempre que las personas sabias esperan algún resultado de sus labores, van a trabajar de una manera adecuada y que se adapta al fin que tienen en mente. Si Moisés quiere que su discurso bendiga a quienes compara con las hierbas tiernas del verde prado, lo hace como una pequeña lluvia. Veo claramente que busca un resultado, pues adapta sus medios.

Hay un tipo de intento de hacer el bien que yo llamo el estilo de acertar o fallar. Con este estilo, tienes la intención de hacer el bien, pero no consideras qué método de hacer el bien es el más adecuado para ti. Es posible que quieras predicar, y entonces predicas. Por supuesto, debes dar un sermón, y entonces das un sermón. No hay ninguna consideración sobre la congregación y sus necesidades espirituales o qué verdad será más probable que convenza y beneficie. Acierta o falla, ¡y ya está!

Cuando un hombre se propone ver resultados, comienza a estudiar los métodos y su adaptación a los fines que persigue. Si ve que su pueblo es un hombre fuerte y quiere alimentarlo, no saca el cántaro de leche, sino que saca un plato de buena carne para él. Se ve que tiene la intención de alimentar a su pueblo, pues se preocupa mucho de preparar su carne espiritual. Cuando una persona quiere regar las plantas, y son hierbas tiernas, no las empapa si quiere obtener buenos resultados. Eso parecería como si no tuviera ningún propósito real, sino que se limitara a seguir una rutina. Moisés sabía lo que estaba haciendo. Al encontrar que el pueblo era comparable a las hierbas tiernas de los verdes prados, adaptó su discurso a ellas y lo hizo como la llovizna.

> **Hay que regar las plantas después de haberlas plantado para que sus raíces crezcan más profundamente.**

¿Cuál será el resultado si hacemos lo mismo? Sucederá que habrá entre nosotros jóvenes conversos como las hierbas tiernas de los verdes prados, recién plantados, y si hablamos con ternura y dulzura veremos el resultado, pues echarán raíces en la verdad y crecerán en ella. Pablo plantó, y luego Apolos regó. *Yo planté, Apolos regó, pero Dios ha dado el crecimiento* (1 Corintios 3:6). ¿Por qué regó Apolos? Porque hay que regar las plantas después de haberlas plantado para que sus raíces crezcan más profundamente.

¡Qué felices serán si utilizan su experiencia avanzada para fortalecer a aquellos cuya nueva vida es aún débil! Tendrán el honor amoroso de los padres tiernos, y sus sabios consejos serán como la llovizna sobre la hierba tierna del verde prado, pues verán el resultado en que los jóvenes se aferran a Cristo y beben los preciosos nutrientes almacenados en la tierra de la Palabra de Dios para que puedan crecer por ella. *Desead como niños recién nacidos, la leche pura de la palabra, para que por ella crezcáis para salvación* (1 Pedro 2:2).

Cuando tu palabra es como llovizna para la hierba tierna del verde prado, la débil y perecedera revive y levanta la cabeza. La hierba se estaba marchitando al principio. Se inclinaba como se ve que lo hace una cosa recién plantada, débil y a punto de morir; pero vino la llovizna, y el prado pareció decir: "Gracias", y levantó la vista, levantó la cabeza y se recuperó de su debilidad.

Verás cómo se produce un efecto reanimador en los corazones espiritualmente débiles y en las mentes desanimadas. Serás un consolador, inspirarás los temores de muchos, y alegrarás a los tímidos y temerosos. Qué bendición es cuando ves ese resultado, pues entonces hay mucho más gozo en el mundo, y Dios es mucho más glorificado.

Cuando riegas las hierbas tiernas del verde prado y las ves crecer, tienes una recompensa adicional. Es delicioso ver el desarrollo y el aumento de la gracia en aquellos que están bajo nuestro cuidado. Esto ha sido un placer sumamente dulce para mí. Utilizo mi propia experiencia como ejemplo, porque no dudo que se repite en muchos de ustedes. Ha sido un gran deleite para mí conocer a hombres que sirven a Dios y predican el evangelio gloriosamente y que una vez fueron jóvenes conversos y necesitaban mi cuidado. Conozco a hombres, diáconos de iglesias, padres espirituales, con los que recuerdo haber hablado hace veinte o veinticinco años, cuando no podían hablar una palabra por Jesús, porque no estaban seguros de su propia salvación. Me alegro de verlos ahora como líderes del rebaño, mientras que antes eran pobres y débiles corderos. Yo los llevaba en mi seno, y ahora ellos casi podrían llevarme a mí. Me alegro de aprender de ellos y de sentarme a sus pies.

Regamos las plantas para verlas dar fruto y prepararse para su uso. Así veremos que aquellos a quienes Dios bendice por nuestros medios se convierten en un gozo para el propio Señor, dando frutos de santidad, paciencia y obediencia como los que le gustan a Jesucristo. Su alegría está en su pueblo, y cuando puede alegrarse en él, su alegría es plena.

Tratemos de ser pequeños en nuestra propia estima para que podamos ser como la llovizna. Tratemos de ser un poco útiles, si no podemos llegar a cosas grandes. La llovizna es una gran bendición. Tratemos de ser útiles en las cosas pequeñas. Cuidemos las hierbas tiernas de los prados verdes; tratemos de llevar a los niños y niñas a Jesús. Cuidemos las plantas tiernas de la plantación de la mano derecha del Señor - aquellos que son bebés en la gracia - los tímidos, temblorosos, medio esperanzados, medio temerosos.

Capítulo 16

La Urgencia de Hoy

Entonces se dijeron el uno al otro: No estamos haciendo bien. Hoy es día de buenas nuevas, pero nosotros estamos callados; si esperamos hasta la luz de la mañana, nos vendrá castigo. Vamos pues, ahora, y entremos a dar la noticia a la casa del rey. (2 Reyes 7:9)

Dios había visitado el campamento sirio y había derrotado por sí solo a todo el ejército sirio. Todos los soldados sirios habían huido. Aunque los hambrientos ciudadanos de Samaria no lo sabían, el Señor había hecho provisión en abundancia para toda su hambre, y allí estaba, a un tiro de piedra de las puertas de la ciudad. El Señor lo había hecho. Su propia mano derecha y su santo brazo le habían conseguido la victoria. Él había provisto las necesidades de Israel, aunque ellos no lo sabían. Estos leprosos descubrieron alegres lo que Dios había hecho y habían utilizado su descubrimiento entrando en posesión del tesoro. Fueron designados para dar a conocer gozosos las buenas noticias, y si las hubieran ocultado, habrían sido hombres culpables.

Ninguna persona ha hecho todo el bien que podría y debería haber hecho. Si alguien me asegura que ha hecho todo el bien que le era posible hacer, no le creo. No diré más al respecto, pero esforcémonos por evitar los pecados de omisión. Si conoces al Señor y nunca has confesado Su nombre, entonces no has hecho bien. Si has estado en un grupo de personas y no has hablado por Cristo, no has hecho bien. Si has tenido la oportunidad de contarles a otros, incluso a los niños, el evangelio, y no lo has hecho, no has hecho bien.

Después de todo, es una acusación grave para la conciencia de una persona cuando le obliga a unirse a otros para decir: No hacemos bien. Esa es la razón por la que se cortó la higuera estéril. El que guardaba la viña no dijo: "Cortadla, porque da un fruto tan amargo". No daba ningún fruto. Ahí estaba la cuestión: simplemente ocupaba espacio y no hacía lo que debía hacer.

Si aquellos leprosos se hubieran callado, en realidad habrían estado haciendo el mal. Supongamos que hubieran guardado su secreto durante veinticuatro horas y que algunos centenares hubieran muerto de hambre dentro de los muros de Samaria. Si hubieran perecido así, ¿no habrían sido los leprosos culpables de su sangre? ¿No estás de acuerdo con eso? ¿Acaso la negligencia no puede ser un asesinato tan verdadero como una puñalada o un disparo?

> ¿Acaso la negligencia no puede ser un asesinato tan verdadero como una puñalada o un disparo?

Si, en tu vecindario, una persona perece por no conocer al Salvador, y nunca te esforzaste por instruirla, ¿cómo estarás libre de culpa en el último gran día? Si hay alguien a tu alcance que se hunde en la destrucción eterna porque le faltó el conocimiento de Cristo cuando tú podías haberle dado ese conocimiento, ¿estarás libre de su sangre en el día en que se celebre el gran examen y Dios haga una investigación por la sangre de todas las personas?

Estos leprosos, si hubieran permanecido en silencio, habrían actuado de la manera más impropia. Fíjate en cómo lo expresaron ellos mismos. Dijeron: No nos parece bien; este día es de buenas noticias, y callamos. ¿Ha lavado Jesús tus pecados, y guardas silencio al respecto?

Recuerdo el día en que encontré por primera vez la paz con Dios a través de la preciosa sangre de Cristo. Tenía que contárselo a alguien. No podía callar la voz dentro de mí. ¿Eres salvo en el Señor con una salvación eterna, y puedes guardar la bendición para ti mismo? ¿No te sorprende que todos los maderos de tu casa no giman ante ti, y que la misma tierra no abra su boca para reprenderte? ¿Puedes ser un infeliz tan ingrato como para haber probado la asombrosa misericordia de Dios y, sin embargo, no tener ninguna palabra para declararla a los demás?

Supera ese espíritu tímido. Grita: "No puedo evitarlo; me siento impulsado a hacerlo. Debo dar y daré testimonio de que hay un Salvador, y uno grande". Personalmente, no puedo contener mi lengua, y nunca lo haré mientras pueda hablar.

> Desde que aquella fuente vi,
>   Mi tema sólo fue
> Tu redentor amor, y así
>   Cantando moriré.[17]

La iglesia de Dios tiene un derecho sobre todos ustedes que han descubierto el gran amor de Jesús. Vengan a contárselo a sus compañeros cristianos. Cuenten las buenas noticias a la casa del Rey. La iglesia de Dios es a menudo muy refrescada por las historias de los nuevos conversos. Me temo que nosotros, los que tenemos más de cincuenta años, llegamos a estar bastante

---

17 De "Hay una Fuente sin igual", un himno de William Cowper (1731-1800).

fosilizados, y es una gran bendición para nosotros oír los gritos de los bebés en la gracia y escuchar el testimonio fresco y vívido de los nuevos conversos. Nos agita la sangre y aviva nuestras almas, y así se beneficia la iglesia de Dios.

Además, se debe dar un testimonio decidido de Cristo al mundo. Si un hombre es un soldado de la cruz y no muestra sus colores y revela de qué lado está, todos sus colegas pierden por su falta de decisión. No hay nada mejor para un hombre cuando es llevado a Cristo que expresar claramente su fe y hacer saber a los que le rodean que es un hombre nuevo. Enarbolar la bandera de la lealtad. Tomar una posición para vivir por Cristo y la santidad te salvará de muchos peligros y repelerá muchas tentaciones. El poner de lado esta verdad crea una vida de miseria.

Si todos los cristianos salieran y declararan audazmente lo que el Señor ha hecho por sus almas, el mundo sentiría el poder del cristianismo. El mundo no pensaría en él como lo hace ahora, como si fuera una superstición de poca monta de la que se avergüenzan sus propios partidarios. Si en verdad son soldados de la cruz, lleven sus escudos a la luz del día y no se avergüencen de su Capitán. ¿Qué puede avergonzarnos en el servicio de tal Señor? Avergüéncense de la vergüenza y actúen como hombres (véase 1 Samuel 4:9). Si eres un soldado del ejército del Señor, ¡ponte de pie y lucha con valentía!.

Debes tu confesión abierta de lealtad a Jesucristo a todos los demás, y especialmente a ti mismo. Es debido a tu madurez espiritual que, si el Señor ha hecho algo por ti, debes reconocerlo con gratitud. También estás obligado, por tu amor a los demás -y el amor a los demás es la esencia misma del cristianismo-, a declarar claramente que estás del lado del Señor. Entonces Moisés, de pie en la puerta del campamento, dijo: ¿Quién está del lado del Señor? (Éxodo 32:26). ¿Qué más debo decir? ¿Qué más es necesario decir? Deseo hacer sonar la trompeta y llamar bajo la bandera de nuestro Señor a todos los cristianos que son buenos y verdaderos.

Esta declaración debe hacerse continuamente. Hablo aquí de muchos que han confesado a Cristo públicamente y no se avergüenzan de su nombre. Siempre debemos dar a conocer a Cristo, no sólo por nuestra profesión de fe hecha una vez cuando nacimos de nuevo, sino dando frecuentemente testimonio en apoyo de esa profesión. Me gustaría que hiciéramos esto más entre el propio pueblo de Dios.

La Srta. Havergal[18] dice muy admirablemente: "La casa del rey era la gente más improbable que necesitaba ser instruida en estas buenas noticias - así parece a primera vista. Pero, en segundo lugar, los leprosos eran las personas más improbables para instruir a la casa del rey; y, sin embargo, lo hicieron".

Usted y yo podríamos decir: "Los cristianos no necesitan que se les hable de nuestro Señor y de su obra; ellos saben más que nosotros. Si lo necesitan, ¿quiénes somos nosotros, que somos menos que los más pequeños de la casa de nuestro Señor, para pretender instruirlos?" Así, incluso la humildad podría impedirnos dar nuestro testimonio entre ciertos grupos de personas.

Si estuvieras en medio de un grupo de personas ignorantes de Cristo a las que podrías hacer el bien, podrías sentirte obligado a hablar; pero entre los cristianos es probable que guardes silencio. ¿No te has dicho a ti mismo: "No podría hablarle a ese buen anciano. Él está mucho mejor instruido en la fe que yo"? Mientras tanto, ¿qué crees que está diciendo ese buen anciano? Se dice a sí mismo: "Es un buen joven, pero no podría hablar con él, porque tiene mucha más habilidad que yo". Así, ambos son tan mudos como ratones cuando podrían edificarse mutuamente.

Y lo que es peor, tal vez empiecen a hablar de temas inútiles, como el tiempo, el último escándalo o la política. Supongamos

---

18 Frances Ridley Havergal (1836-1879), poeta y escritora de himnos inglesa.

que cambiamos todo esto, y cada hombre dice: "Soy un hombre cristiano, y la próxima vez que me encuentre con un hermano cristiano, sea mayor y más sabio o no, le hablaré de nuestro común Maestro".

Si dos niños se encuentran, hacen bien en hablar de su padre y de su madre. Si uno es un niño muy pequeño, puede que sólo sepa un poco de su padre en comparación con el conocimiento que posee su hermana mayor, pero tal vez haya besado a su padre por última vez y haya disfrutado de más expresiones de amor de su padre últimamente que su hermana mayor. La mayor puede hablar más de la sabiduría y la providencia de su padre, pero la menor tiene un sentido más vívido de su ternura y su amor; y así pueden unirse en una ferviente admiración.

¿Por qué las personas cristianas se reúnen tan a menudo y se separan sin intercambiar cinco palabras sobre el Señor Jesús? No estoy condenando a ninguno de ustedes, pues me reprendo a mí mismo más que a nadie. No damos suficiente testimonio de nuestro Señor. El otro día me sorprendí bastante cuando un trabajador del teatro me dijo: "Usted cree que el Señor dirige el camino de su pueblo, ¿no es así, señor?". Le respondí: "Eso creo. ¿Sabe usted algo al respecto?" "Esta mañana he estado orando al Señor para que dirija mi camino, y ahora usted está hablando conmigo. Sentí que era un buen comienzo para el día".

Comenzamos a hablar directamente de las cosas de Dios. Ese hombre no debería haber sido el primero en hablar de Dios; como ministro del Evangelio, yo debería haberle hablado del Señor primero. Tenemos mucho que reprocharnos a nosotros mismos en este sentido. Nos descuidamos al decir algo porque no sabemos cómo podría ser recibida una palabra, pero bien podríamos intentarlo. No hay nada malo en intentarlo.

Supongamos que vamos a un lugar donde la gente está enferma y moribunda, y que tenemos una medicina que los curaría. ¿No estarías ansioso por darles un poco? ¿No dirías nada al respecto porque no estás seguro de cómo podría ser recibido? ¿Cómo podrías saber cómo se recibiría si no fuera haciendo el ofrecimiento? Háblales a las pobres almas de Jesús. Cuéntales cómo te sanó Su gracia, y tal vez te respondan: "Tú eres la persona que necesito; me has traído las noticias que deseaba oír".

Hay distritos en Londres, que yo sepa, en los suburbios especialmente, donde, si un hombre llama a la puerta y comienza a hablar de Cristo, la pobre gente responde: "Nadie nos llama nunca para hacernos un bien. Nos dejan perecer". Es vergonzoso que sea así, pero así es.

La gente vive y muere en este país supuestamente cristiano, tan perdida del conocimiento del evangelio como si hubieran vivido en el Congo. Si vivieran en el Congo, todos aportaríamos para enviar un misionero río arriba para hablarles de Jesús y de su amor. Incluso a riesgo de que muriera de fiebre amarilla, les enviaríamos un misionero, y sin embargo, aquellos que viven al lado nuestro o aquellos con los que trabajamos quedan en la ignorancia de la salvación.

> No me basta con que yo mismo predique el Evangelio, sino que quiero motivar a otros para que lo proclamen también.

La mujer que trabaja en la fábrica, el hombre que limpia el edificio - estas personas puede que no sepan más de Cristo que las personas no alcanzadas en tierras extranjeras, y sin embargo no les hablamos de Cristo. ¿No es esto chocante? Hemos satisfecho nuestra propia hambre, y ahora dejamos que otros se mueran de hambre. Dejemos nuestra despreocupación y pongámonos a trabajar por Jesús. No me basta con que yo mismo predique el Evangelio, sino que quiero motivar a otros para que lo proclamen también.

Una vez hablé de unos jóvenes cristianos que eran muy buenos en cierto deporte, pero no podían hablar directamente al corazón de un pecador. Un caballero que me escuchó dijo: "Eso es cierto sobre mí. Soy un hombre cristiano, pero soy más conocido como atleta que como obrero cristiano". Comenzó a servir a su Señor con todo su corazón, y hoy está siendo muy usado por Dios. ¡Oh, que pudiera ganar a otros para que fueran así! Las multitudes que nos rodean están muriendo en la oscuridad. ¡Te ruego que les lleves toda la luz que tengas! Millones están pereciendo en toda esta tierra. ¡Apresúrate a rescatarlos! El mundo sigue bajo el poder del mal. ¡Te insisto a que lo rescates en el poder de Cristo!

"No sé mucho", dice alguien. Entonces no digas lo que no sabes.

"¡Oh!", grita otro, "espero ser cristiano". Cuéntales a los demás cómo llegaste a ser creyente, y eso será el evangelio. No necesitas estudiar un libro y tratar de hacer un sermón con tres cabezas y una cola. Simplemente ve a tu casa y dile a tu hijo mayor: "Juan, quiero contarte cómo tu padre encontró un Salvador". Ve a casa con esa dulce hijita tuya y dile: "Querida Sara, quiero contarte cómo me ama Jesús". Antes de la luz de la mañana puedes tener la alegría de ver a tus queridos hijos llevados al Salvador - si esta misma noche les hablas desde la plenitud de tu corazón.

Capítulo 17

Abre Tu Boca

Así que los que habían sido esparcidos iban predicando la palabra. Felipe, descendiendo a la ciudad de Samaria, les predicaba a Cristo... Entonces Felipe abrió su boca, y comenzando desde esta Escritura, le anunció el evangelio de Jesús. (Hechos 8:4-5, 35)

En cada iglesia en la que haya realmente el poder del Espíritu de Dios, el Señor hará que se extienda, en mayor o menor medida. Él nunca pretende que una iglesia sea como una nuez encerrada en una cáscara o como un ungüento encerrado en un frasco. El precioso perfume del evangelio debe ser derramado para endulzar el aire.

Ahora mismo en esta tierra no tenemos mucha de esa clase de persecución que expulsa a la gente de sus hogares, pero la gente piadosa se dispersa por la necesidad de ganarse la vida. A veces lamentamos que ciertos jóvenes tengan que desplazarse bastante lejos por su trabajo, pero ¿deberíamos lamentarlo? Lamentamos que ciertas familias deban trasladarse al otro lado del país o incluso del mundo, pero ¿no es el Señor quien, por este medio, siembra ampliamente la buena semilla? Es muy agradable estar cómodamente establecido bajo un ministerio edificante, pero el Señor tiene necesidad de algunos de sus siervos en lugares donde no hay luz. De muchas maneras, la gran Cabeza de la iglesia dispersa a sus siervos por todas partes, pero ellos deben dispersarse voluntariamente. Cada cristiano debe preguntarse: "¿Dónde puedo hacer más bien?" y si puede hacer más bien en cualquier lugar bajo el sol que en la tierra donde nació, debe ir allí, si puede. Dios quiere que su pueblo esté esparcido por todo el mundo, y si no vamos de buena gana, puede utilizar la necesidad providencial como medio forzoso para movernos.

El designio del Señor no es dispersarnos sólo para dispersar a Su pueblo, sino que Él dispersa con un propósito. Su intención es que, estando dispersos, los santos de Jerusalén vayan por todas partes predicando la Palabra.

Quisiera llamar su atención sobre la traducción de la Versión Revisada, donde se dice que Felipe *proclamó* la Palabra. La palabra *proclamar* no está tan sujeta al sentido moderno que ha estropeado la palabra "*predicar*". Predicar ha llegado a ser una especie de término oficial para pronunciar un discurso determinado, mientras que la predicación del Evangelio es hablar, disertar y compartir la verdad del Evangelio de cualquier manera. Debemos dar a conocer la Palabra del Señor.

> **Todo hombre convertido debe enseñar lo que sabe que es verdad.**

Todo hombre convertido debe enseñar lo que sabe que es verdad. Todos los que han bebido del agua viva han de convertirse en fuentes de las que brotarán ríos de agua viva. *El que cree en mí, como ha dicho la Escritura: «De lo más profundo de su ser brotarán ríos de agua viva»* (Juan 7:38). Nunca volveremos a los viejos tiempos de la conquista espiritual hasta que volvamos al viejo método de ser completamente devotos. En la medida en que los cristianos lleguemos al servicio individual -nadie sueña con hacer su trabajo dejando que otro lo haga por él, sino que cada uno sirve a Dios por sí mismo- en esa proporción, bajo la bendición de Dios, volveremos al antiguo éxito.

No hubo excepciones profesionales. Se menciona que Felipe bajó a Samaria a predicar, pero Felipe fue originalmente apartado para atender la distribución de la caridad de la iglesia. Es bueno que cada hombre atienda su propio deber especial, pero cuando ese deber deja de ser necesario, que se dedique a la obra que es común y constante.

Puede llegar el momento en que ya no se necesiten los deberes específicos de un diácono concreto. ¿Qué hace el diácono? Como la obra para la que fue designado ha llegado a su fin, se mantiene en la obra para la que todo cristiano está designado, y proclama el evangelio de Jesucristo. Por lo tanto, ninguno de nosotros puede ser eximido de la obra de predicar el evangelio por estar ocupado en alguna otra obra.

Por muy buena que sea, aunque esté muy íntimamente relacionada con el reino de Cristo, esto no nos excusa de la labor de tratar de llevar a los pecadores a Cristo de una u otra manera. Esteban, el diácono, comenzó primero a dar testimonio, y cuando murió, Felipe, el siguiente en la lista, ocupó su lugar. Un soldado cae y otro da un paso adelante. Todos debemos proclamar la Palabra, y nadie está exento por otra forma de servicio. ¡Oh, que el pueblo del Señor en todas partes sea consciente de esto!

No había excepciones de personas con mucha educación o preparación literaria. Hoy en día se piensa que un hombre no debe tratar de proclamar el evangelio a menos que haya tenido una buena educación. Predicar a Cristo cometiendo errores gramaticales se considera una grave ofensa. La gente se ofende mucho ante la idea de que el evangelio sea predicado correctamente por un hombre sin educación. Creo que esto es un error muy perjudicial. No hay nada en toda la gama de las Escrituras que excuse a cualquier boca de hablar por Jesús cuando el corazón está verdaderamente familiarizado con Su salvación.

No todos estamos llamados a "predicar" en el sentido actual del término, pero todos estamos llamados a dar a conocer a Jesús si lo conocemos. ¿Ha sido alguna vez el evangelio predicado en alguna medida por hombres de alto poder literario? Revisen toda la línea de la historia y vean si es así. ¿Se han destacado los hombres de espléndida elocuencia por ganar almas? Podría citar nombres de aquellos que se encuentran entre los más grandes oradores que no son para nada efectivos como ganadores de almas.

Aquellos a quienes Dios ha honrado más han sido hombres que, cualesquiera que sean sus dones, los han consagrado a Dios y han declarado seriamente las grandes verdades de la Palabra de Dios. Los hombres que han sido completamente serios y han descrito fielmente la ruina del hombre por el pecado y el remedio de la gracia de Dios -hombres que han advertido a los pecadores para que escapen de la ira venidera creyendo en el Señor Jesús- estos hombres han sido útiles. Si tenían grandes dones, no los perjudicaron, si tenían pocos talentos, esto no los descalificó.

A Dios le ha complacido utilizar las cosas bajas de este mundo y las cosas despreciadas para la realización de sus grandes propósitos de amor. Pablo declaró que no proclamaba el evangelio con sabiduría de palabras. Dijo: "*Pues Cristo... me envió a predicar el evangelio, no con palabras elocuentes, para que no se haga vana la cruz de Cristo*" (1 Corintios 1:17). Temía lo que podría suceder si utilizaba una retórica fina, y por eso rechazó la sabiduría de las palabras. Nosotros tenemos que hacerlo ahora con énfasis. Confiemos en el poder divino del Espíritu Santo y digamos la verdad confiando en su poder, tanto si podemos hablar con fluidez como Apolos (Hechos 18:24), como si somos lentos de palabra como Moisés (Éxodo 4:10).

Nuestro Señor tiene la intención de traer al resto de sus elegidos a través de los que ya han sido llamados, pero si estas personas no se lo dicen a los demás y no son fieles a su llamamiento, ¿cómo se hará la obra? Sé que la obra es sólo de Dios, pero Él utiliza instrumentos humanos. Si no cuentan el evangelio, están dejando que otros perezcan.

La razón principal por la que la iglesia primitiva proclamaba constantemente a Jesús era que estaban en un buen estado de salud espiritual. Iban a todas partes predicando la Palabra cuando estaban dispersos en el extranjero porque habían hecho lo mismo cuando estaban en casa. Nunca se convertirá en misionero la persona que no hace ningún bien en casa. Si no busca almas en su propia calle, no lo hará en otro país al otro lado del mundo. Si no sirve en su ciudad natal, no servirá en otro continente. El que no sirve al Señor en la escuela dominical de su casa no ganará niños para Cristo en China. La distancia no le da ningún encanto al servicio cristiano.

Los que no hacen nada ahora no son aptos para la guerra, pues tienen una salud triste. Sin embargo, si el Señor les da salud y vigor espiritual, entonces no necesitarán que se les inste, sino que clamarán de inmediato: "¡Aquí estoy; envíame!" *Y oí la voz del Señor que decía: ¿A quién enviaré, y quién irá por nosotros? Entonces respondí: Heme aquí; envíame a mí.* (Isaías 6:8).

Capítulo 18

La Providencia Ilimitada de Dios

Y le seguía una gran multitud, pues veían las señales que realizaba en los enfermos. (Juan 6:2)

¡M ira, ahí está la gente! Son cinco mil, hambrientos como cazadores, y todos necesitan que se les dé comida, pues ninguno puede viajar para comprarla. Y aquí está la provisión: cinco galletas finas -y de cebada, más aptas para los caballos que para los hombres- y dos pescaditos. ¡Cinco mil personas y unos pocos bizcochos y peces con los que alimentarlas! La desproporción es enorme; si cada persona recibiera sólo la más pequeña migaja, aún no habría suficiente para todos.

Del mismo modo, hay miles de personas en nuestras ciudades, y sólo un puñado de cristianos de corazón que desean fervientemente verlos convertidos a Cristo. Hay miles de millones de personas en este mundo redondo, y oh, tan pocos misioneros partiendo para ellos el pan de vida. Son casi tan pocos para los miles de millones como lo fueron estas cinco tortas de cebada para aquellos cinco mil.

El problema es muy difícil. El contraste entre la oferta y

la demanda nos habría impactado mucho más vivamente si hubiéramos estado allí, entre aquella multitud de Betsaida, que aquí, dos mil años después, simplemente oyendo hablar de ello. Pero el Señor Jesús estuvo a la altura de la emergencia. Ninguna de las personas se marchó sin participar de su generosidad; todas se saciaron.

Nuestro bendito Maestro, ahora que ha ascendido a los cielos, tiene más poder, no menos. No se siente desconcertado por nuestras carencias, sino que incluso ahora puede utilizar medios escasos para cumplir sus propios propósitos gloriosos. Por tanto, que no desfallezca el corazón de nadie. No se desesperen por la evangelización de esta ciudad, ni piensen que es inútil que el Evangelio se predique en todas las naciones para darles testimonio. Debemos tener fe en Dios, que está en Cristo Jesús. Tener fe en la compasión del Gran Mediador. Él no abandonará a la gente en su necesidad espiritual, como no abandonó a esa multitud hambrienta en su necesidad terrenal hace mucho tiempo.

Observen la providencia de Dios al traer al muchacho allí. No sabemos su nombre. No se nos dice nada sobre su familia. ¿Era un pequeño vendedor ambulante que pensó que podría ganar algo de dinero vendiendo unos pocos panes y peces, y que casi se había vendido? ¿Era un muchacho al que los apóstoles habían contratado para llevar esta pequeña provisión para el uso de Jesús y sus amigos? No sabemos mucho sobre él, pero aquel día era el muchacho adecuado en el lugar adecuado. Cualquiera que fuera su nombre, no importaba; él tenía los panes de cebada y los peces con los que se iba a alimentar a la gente.

Cristo nunca tiene una necesidad sin tener a alguien para satisfacerla. Tengan fe en la providencia de Dios. No sé qué hizo que el niño trajera los panes y los peces, pero los trajo. Los niños suelen hacer cosas inexplicables. Dios, que entiende las ideas y los motivos de los muchachos y que tiene en cuenta hasta los panes de cebada y los peces, había designado a ese muchacho para que estuviera allí. Vuelvo a decir que creamos en la providencia de Dios.

El señor Henry Stanley[19] nos dice que cuando salió de su largo viaje por el bosque, creo que después de ciento sesenta días de caminar en la oscuridad, y se encontró por fin donde podía ver el sol, sintió que había una providencia especial de Dios que se había ocupado de él. Me alegro mucho de que el señor Stanley sintiera que fue la mano de Dios la que le había sacado de la desagradable sombra, pero no necesito ir a África para saber que estamos rodeados de la bondad de Dios.

Muchos de nosotros hemos sentido una providencia especial de Dios en nuestros propios hogares. Nos hemos encontrado con Su mano en relación con nuestros propios hijos. Cada día estamos rodeados de señales de su cuidado. ¿Quién es sabio? Que preste atención a estas cosas, y considere las bondades del Señor (Salmo 107:43). "Estoy seguro de que Dios me cuidó", dijo alguien, "porque mientras caminaba por cierta calle, resbalé con un pedazo de cáscara de naranja y tuve lo que podría haber sido una caída grave, pero no me lastimé en lo más mínimo". Su amigo le contestó: "Estoy seguro de que Dios ha cuidado de mí, pues he caminado por esa calle cientos de veces y nunca he resbalado con un trozo de cáscara de naranja ni con ninguna otra cosa."

> Él nunca abandonará a su pueblo.

Creamos también en su providencia con respecto a la iglesia de Cristo. Él nunca abandonará a su pueblo. Encontrará a los hombres cuando los necesite. Siempre ha sido así a lo largo de la historia de los santos, y siempre será así.

Antes de la Reforma había muchos hombres educados que conocían algo del evangelio de Cristo, pero decían que era una pena hacer mucho ruido, así que comulgaban entre ellos y con

---

19 Sir Henry Stanley (1841-1904) fue un reportero y explorador galés famoso por explorar África en busca del misionero David Livingstone.

Cristo muy calladamente. Lo que se necesitaba era un tipo rudo y obstinado que diera a conocer el evangelio y que alterara el viejo estado de cosas. ¿Dónde podría encontrarse?

Hubo un monje llamado Lutero que, mientras leía su Biblia, tropezó de repente con la doctrina de la justificación por la fe. Era el hombre que se necesitaba en ese momento. Sin embargo, cuando acudió a un querido hermano en el Señor y le contó cómo se sentía, su amigo le dijo: "Vuelve a tu habitación y ora y entra en comunión con Dios, y calla". Pero entonces, verás, Lutero tenía una lengua que no podía contener -y que nadie más podía contener- y comenzó a usarla para decir la verdad que había hecho de él un hombre nuevo.

El Dios que hizo a Martín Lutero sabía lo que estaba haciendo cuando lo hizo. Dios puso dentro de Lutero un gran fuego ardiente que no podía ser contenido, y que estalló e incendió a las naciones. Nunca desesperes de la providencia. Esta noche está sentado, en algún rincón tranquilo del país, un hombre que cambiará la corriente de la incredulidad y volverá a ganar las iglesias para el antiguo evangelio. Así dice el Señor: Paraos en los caminos y mirad, y preguntad por los senderos antiguos cuál es el buen camino, y andad por él; y hallaréis descanso para vuestras almas (Jeremías 6:16).

Nunca hubo todavía un punto de angustia en cuanto a la verdad de Dios en el que no apareciera de repente alguien -un David con una honda y una piedra, un Sansón con una mandíbula de burro, o un Shamgar con un caballete de buey- que derrotara a los adversarios del Señor. Aquí hay un muchacho. La providencia de Dios lo ha enviado. *Aquí hay un muchacho que tiene cinco panes de cebada y dos pescados; pero ¿qué es esto para tantos?* (Juan 6:9). Este muchacho con sus panes fue puesto en primer plano. Cuando buscaban todas las provisiones entre la multitud, este muchacho desconocido, del que nunca se habría oído hablar en otro lugar, fue llevado al frente porque tenía su cestita de galletas. Andrés lo descubrió y se dirigió a Jesús y le dijo: Aquí hay un muchacho que tiene cinco panes de cebada y dos pececillos.

Tengan la seguridad de que si tienen el Pan de Vida a su alrededor y están dispuestos a servir a Dios, no deben temer que el hecho de no ser conocidos les impida servir a Dios. "Nadie me conoce", dice alguien. Pues bien, no es muy deseable que todo el mundo te conozca. Los que somos conocidos por todo el mundo nos alegraríamos mucho de no serlo; no hay gran consuelo en ello. El que puede trabajar para su Maestro sin que nadie lo vea más que su Maestro es el más feliz de los hombres.

> El que puede trabajar para su Maestro sin que nadie lo vea más que su Maestro es el más feliz de los hombres.

"Sólo tengo cien personas para predicar", me dijo un pastor rural. Le contesté: "Si das buena cuenta de esos cien, tienes bastante que hacer". Si todo lo que tienes es muy poco -sólo esa pequeña cantidad de panes y peces-, úsalo adecuadamente, y servirás bien a tu Maestro. A su debido tiempo, cuando Dios te quiera usar más, sabrá dónde encontrarte. No necesita poner un anuncio en el periódico. Él conoce la calle en la que vives y el número de la puerta.

No necesitas ir y empujarte al frente. El Señor te llevará al frente cuando Él quiera, y espero que no quieras llegar allí si Él no te quiere allí. Puedes contar con ello, que si te empujas al frente cuando no se te requiere, Dios te hará retroceder de nuevo. Oh, por la gracia de trabajar sin ser observado, de tener tu único talento, tus cinco panes y dos peces, y sólo ser notado cuando la hora sugiere la necesidad y la necesidad hace un fuerte llamado para ti.

Cuando se les prestó atención, los panes y los peces no parecieron ir muy bien; fueron juzgados insuficientes para el propósito. Andrés preguntó: ¿Qué es esto para tantos? La vela del muchacho parecía estar bastante apagada. ¿De qué podía servir algo tan insignificante?

A algunos de ustedes Satanás les ha preguntado: "¿De qué sirve que intentes hacer algo?". A ti, querida madre, con una familia e hijos, te ha susurrado: "No puedes servir a Dios". Él sabe muy bien que, por medio de la gracia sustentadora, sí puedes servir a Dios, y tiene miedo de lo bien que puedes servir a Dios si educas a esos queridos hijos en Su temor. Le dice al individuo sincero de allá: "No tienes mucha habilidad; ¿qué puedes hacer?" ¡Ah, querido amigo! Él tiene miedo de lo que tú puedes hacer, y si sólo haces lo que puedes hacer, Dios, antes de mucho, te ayudará a hacer lo que ahora no puedes hacer. El diablo tiene miedo incluso de lo poco que puedes hacer ahora, y muchos hijos de Dios parecen ponerse del lado de Satanás al despreciar el día de las cosas pequeñas. ¿Pues quién ha menospreciado el día de las pequeñeces? (Zacarías 4:10).

¿Qué es esto para tantos? Tan pocos, tan pobres, tan faltos de talento... ¿qué puede esperar cualquiera de nosotros? Despreciados, incluso por los discípulos, no es de extrañar que seamos despreciados por el mundo. Las cosas que Dios honrará, el hombre debe primero despreciarlas. Te enfrentas y soportas el escarnio de los del mundo, y después sales para ser usado por Dios.

Aunque aparentemente inadecuados para alimentar a la multitud, los panes y los peces habrían sido suficientes para la cena del muchacho, y sin embargo parece que estaba muy dispuesto a desprenderse de ellos. Los discípulos no se los habrían quitado por la fuerza; el Maestro no lo habría permitido. El muchacho los entregó voluntariamente y con agrado para que fueran el comienzo del gran festín. Alguien podría haberle dicho al muchacho: "Juan, sabes que pronto podrás comer ese pan y esos dos pececillos; guárdalos para ti. Vete a un rincón; cada uno sólo por lo suyo".

LA PROVIDENCIA ILIMITADA DE DIOS

¿No es una buena regla "cuidar del número uno" (*de uno mismo primero*)? Tal vez, pero el muchacho que Dios utiliza no es egoísta. Puede que me dirija a algún joven cristiano al que Satanás le diga: "Haz dinero primero y sirve a Dios después. Dedícate a los negocios y ten éxito; luego, cuando tengas éxito, podrás vivir más como un cristiano y dar algo de dinero". Que tal persona recuerde los panes de cebada y los peces.

Si aquel muchacho hubiera considerado realmente con sabiduría lo que era para su propio bien, en lugar de limitarse a ceder con un impulso generoso a la exigencia de Cristo, aún habría hecho exactamente lo que hizo. Se habría dado cuenta de que si se hubiera quedado con los panes, se los habría comido y se habrían acabado; pero ahora que se los llevó a Cristo, todas esas miles de personas se alimentaron, y él mismo recibió tanto como habría tenido si se hubiera comido su propia comida. Además, recibe una parte de las doce cestas llenas de fragmentos que quedan.

Todo lo que se quita del yo y se da a Cristo está bien invertido.

Todo lo que se quita del yo y se da a Cristo está bien invertido. Dios con frecuencia dará un diez mil por ciento en retorno. El Señor sabe dar tal recompensa a una persona desinteresada para que sienta que el que salva su vida la pierde, pero el que está dispuesto incluso a perder su vida y el pan que la sustenta es el que, al fin y al cabo, se salva de verdad.

Esta es, pues, la historia de estos panes. Fueron enviados por la providencia de Dios por un muchacho que fue buscado y notado. Lo que había traído era despreciado, pero él estaba dispuesto a darlo, fuera despreciado o no. Lo entregaría a su Señor. ¿Ves a lo que quiero llegar? Quiero llamar la atención de algunos de estos niños y niñas y jóvenes. No me molestaré por su edad; pueden ser llamados muchachos si tienen menos de setenta años. Quiero atraparlos a ustedes que piensan que tienen muy poca habilidad, y quiero decirles: "Vengan y traigan sus habilidades a Jesús". Les necesitamos. Los tiempos son difíciles. La gente está hambrienta. Aunque parezca que nadie te necesita, sé valiente y haz lo que puedas. ¿Quién sabe si acaso, como la reina Ester, puedes haber llegado al reino para un momento como éste (Ester 4:14)?

Puede que Dios te haya llevado a donde quiere utilizarte para convertir a miles de personas, pero primero debes convertirte tú. Cristo no te usará a menos que primero seas suyo. Debes entregarte a Él y ser salvado por Su preciosa sangre; entonces, después de eso, ven y dale todo el poco talento que puedas tener. Pídele que te utilice tanto como lo hizo con el muchacho de los cinco panes de cebada.

Capítulo 19

Nuestros Escasos Panes en Manos de Cristo

Y ordenando a la muchedumbre que se recostara sobre la hierba, tomó los cinco panes y los dos peces, y levantando los ojos al cielo, bendijo los alimentos, y partiendo los panes, se los dio a los discípulos y los discípulos a la multitud.
(Mateo 14:19)

Ahora vemos que esos panes no sugieren tanto el pensamiento del sacrificio del muchacho como del poder del Salvador. ¿No es algo maravilloso que Cristo, el Dios vivo, se asocie con nuestra debilidad, nuestra falta de talento, nuestra ignorancia y nuestra poca fe? Sin embargo, lo hace. Si no nos asociamos con Él, no podemos hacer nada; pero cuando entramos en contacto vivo con Él, podemos hacer todas las cosas. Esos panes de cebada en las manos de Cristo se convierten en una comida para toda la multitud. Fuera de sus manos no son más que tortas de cebada; en sus manos, cuando estamos asociados a Él, están en contacto con la omnipotencia.

Tú que amas al Señor Jesucristo, ¿has pensado en esto: en traerle todo lo que posees para que se asocie a Él? Ese cerebro tuyo puede asociarse con las enseñanzas de Su Espíritu. Ese corazón tuyo puede ser calentado con el amor de Dios. Esa lengua tuya puede ser tocada con el carbón vivo del altar (Isaías 6:6-7). Esa hombría tuya puede ser perfectamente consagrada por la asociación con Cristo.

Escucha la tierna orden del Señor, Tráiganlos aquí a mí (Mateo 14:18), y toda tu vida será transformada. No digo que toda persona de capacidad media pueda elevarse a una gran capacidad al asociarse con Cristo por medio de la fe, pero sí digo que, su capacidad ordinaria, en asociación con Cristo, llegará a ser suficiente para la ocasión a la que Dios, en su providencia, le ha llamado.

Sé que han estado orando y diciendo: "No tengo esto", y "no puedo hacer aquello". No te quedes atrás y contando tus deficiencias; trae lo que tienes y deja que todo - cuerpo, alma y espíritu - se asocie con Cristo. Aunque Él no te dé nuevas habilidades, las habilidades que tienes tendrán un nuevo poder, porque entrarán en una nueva dimensión hacia Él. ¿Qué no podría esperarse de una conexión con tal sabiduría y poder?

Fueron transferidos a Cristo. Hace un momento pertenecían a este muchacho, pero ahora pertenecen a Cristo. Jesús tomó los panes (Juan 6:11). Ha tomado posesión de ellos; son suyos. Oh, pueblo cristiano, ¿quieres decir lo que dices cuando declaras que te has entregado a Cristo? Si han hecho una entrega completa, entonces en esa entrega habrá un gran poder de utilidad. Pero, ¿no dice a menudo la gente: "¿Y si me guardo una pequeña porción? *Pero Samuel dijo: ¿Qué es este balido de ovejas en mis oídos y el mugido de bueyes que oigo?* (1 Samuel 15:14). ¿Qué pasa con esos mil dólares de más que pusiste en la bolsa de valores el otro día? ¿Y el dinero que has ahorrado para comprar más ropa que no necesitas?

¡Oh, si en verdad pusiéramos nuestros panes en las manos de Cristo verdaderamente! El tiempo que no has usado para ti mismo, sino que lo has entregado a Cristo; el conocimiento que no has almacenado, como en un depósito, sino que lo has entregado a Cristo; la habilidad que no has usado para el mundo, sino que la has entregado a Cristo; tu influencia y posición, tu dinero y tu casa, todo puesto en manos de Cristo y considerado no como tuyo, sino como Suyo a partir de este momento - esta es la manera en que las necesidades de los oprimidos serán cubiertas y el hambre del mundo será satisfecha. Sin embargo, nos asombra desde el principio la falta de esta entrega completa de todo a Cristo.

Como estos panes fueron entregados a Jesús, así fueron aceptados por Jesús. No sólo fueron dedicados, sino que también fueron consagrados. Jesús tomó los cinco panes de cebada y los dos pececillos, y al hacerlo pareció decir: "Estos me bastarán". Como dice la versión revisada, Jesús tomó, pues, los panes. ¿Había alguna razón para hacerlo? Sí, porque se los trajeron. Se los presentaron voluntariamente. Había necesidad de ellos, y Él podía usarlos. Por eso Él tomó los panes.

Hijos de Dios, si Cristo Jesús se ha servido de ustedes alguna vez, a menudo se han quedado parados y se han preguntado cómo pudo el Señor aceptarlos; pero había una razón para ello. Él vio que ustedes estaban dispuestos a ganar almas. Él vio que las almas necesitaban ser ganadas, y te usó, incluso a ti. ¿No estoy hablando ahora a algunos que podrían ser de gran servicio si se entregaran a Cristo, y Cristo los aceptara y ellos fueran aceptados en el Amado? *Para alabanza de la gloria de su gracia que gratuitamente ha impartido sobre nosotros en el Amado* (Efesios 1:6). Sólo había cinco panes pequeños de cebada, pero Jesús los aceptó. Sólo había dos pececillos, traídos por un niño, pero el gran Cristo los aceptó y se hicieron suyos. Estos panes y peces fueron bendecidos por Cristo mientras levantaba sus ojos y daba gracias al Padre por ellos. Piénsalo. Por cinco pequeños panes y dos pequeños peces, Jesús dio gracias al Padre. Esto era aparentemente un pequeño motivo de alabanza, pero Jesús sabía lo que podía hacer con ellos, y por eso dio gracias por lo que pronto lograrían.

"Dios nos ama", dice San Agustín[20], "por lo que estamos llegando a ser". Cristo dio gracias por estas pequeñas cosas porque vio lo que llegarían a ser. ¿No crees que, habiendo dado las gracias al Padre, las dio también al niño? En años posteriores, estas palabras de gratitud serían una recompensa más que suficiente para una acción tan pequeña. Al igual que la mujer que echó las dos monedas al tesoro (Marcos 12:41-44), lo dio todo, y sin duda fue elogiada por el regalo.

Aunque hoy está exaltado en la gloria, Cristo todavía está agradecido cuando se le hacen tales ofrendas. Todavía agradece a su Padre cuando, con manos tímidas y temblorosas, le ofrecemos lo mejor de nosotros, nuestro todo, por pequeño que sea. Su corazón todavía se alegra cuando le traemos nuestra escasa provisión para que sea tocada por su querida mano y bendecida por sus labios llenos de gracia. Él nos ama, no por lo que somos, sino por lo que hará de nosotros. Él bendice nuestras ofrendas, no por su valor, sino porque Su poder las hará dignas de Su alabanza.

Que el Señor bendiga así cada uno de tus talentos. Que bendiga tu memoria. Que bendiga tu entendimiento. Que bendiga sus voces. Que Él bendiga sus corazones. Que bendiga sus mentes. Que Él los bendiga a todos sin cesar. Cuando Él pone una bendición en el pequeño regalo y en la pequeña gracia que tenemos, la buena obra comienza y continúa hasta la perfección.

---

20   Agustín (354-430 d.C.) fue uno de los padres de la iglesia, autor, teólogo y obispo de Hipona en Argelia.

Después de que los panes fueron bendecidos, fueron aumentados por Cristo. Pedro toma uno, empieza a partirlo y, al partirlo, siempre tiene en la mano la misma cantidad con la que empezó. "Toma un poco de pescado, amigo", le dice. Le da un pescado entero a ese hombre, pero le queda un pescado entero. Así que se lo da a otro, y a otro, y a otro, y sigue repartiendo el pan y el pescado por todas partes, tan rápido como puede. Cuando termina, tiene las manos tan llenas de pescado y de pan como siempre.

Si sirves a Dios, nunca te quedarás seco. El que te da algo que decir un domingo, te dará algo que decir otro domingo. Algunos hermanos muy educados son como el gran barril de vino de Heidelberg: pueden contener tanto vino que hay suficiente para nadar en él, pero ponen un grifo en algún lugar de la parte superior, y nunca sale mucho. El mío es un barril muy pequeño, pero el grifo está lo más abajo posible. Puedes sacar más de un barril pequeño, si lo vacías, que de uno grande si sólo te permiten sacar un poco de la parte superior.

Este muchacho dio todos sus panes y todos sus peces. No era mucho, en realidad, pero Cristo lo multiplicó. Sé como ese muchacho y dalo todo. No pienses en guardar algo para otra ocasión. Si eres un predicador, no pienses en lo que vas a predicar la próxima vez; piensa en lo que vas a predicar ahora. Siempre es suficiente con un sermón a la vez. No necesitas tener una gran cantidad de ellos, porque si tienes muchos almacenados en algún lugar, habrá un olor a rancio en ellos. Incluso el maná que bajó del cielo criaba gusanos y olía mal si lo guardaban para el otro día; lo mismo sucederá con tus mejores sermones, aunque el mensaje sea dado por Dios. Si no desciende del cielo, sino de tu propio cerebro, se echará a perder aún más rápidamente. Habla a la gente de Cristo. Llévalos a Jesús, y no te preocupes por lo que dirás la próxima vez. Esperad a que llegue la próxima vez, *porque a esa hora se os dará lo que habréis de hablar* (Mateo 10:19).

Las adiciones de Cristo significan sustracción, y las sustracciones de Cristo significan adición. Él da para que nosotros podamos dar. Él multiplicó tan pronto como los discípulos comenzaron a distribuir, y cuando la distribución terminó, la multiplicación terminó. ¡Oh, por la gracia de seguir distribuyendo! Si has recibido la verdad de Cristo, ¡díselo a los demás! Dios te la susurrará al oído y te enseñará su Palabra, pero si dejas de contársela a otros, si dejas de intentar bendecir a otros con la verdad de Dios, puede ser que Dios ya no te bendiga ni te permita crecer cerca de Él en comunión con Él.

Poniendo todo esto junto, si todos trajéramos nuestros panes y peces al Señor Jesucristo, Él los tomaría y los haría totalmente suyos. Entonces, cuando podría simplemente haberlos bendecido, los multiplicaría y nos diría que los distribuyéramos. Podríamos satisfacer las necesidades de nuestros pueblos y las del mundo entero hasta la última persona.

Un Cristo que puede alimentar a cinco mil puede alimentar a cinco millones. No hay límite. Cuando se consigue un milagro, también se puede conseguir uno grande. Siempre que encuentro a los críticos tratando de disminuir los milagros, me parece un trabajo muy pobre. Si se trata de un milagro, es un milagro, y si estás dentro por un centavo, también puedes estar dentro por un dólar. Si puedes creer que Cristo puede alimentar a cincuenta, entonces puedes creer que puede alimentar a quinientos, a cinco mil, a cinco millones o a quinientos millones, si quiere.

Una gran cantidad de miseria fue eliminada por la canasta de tortas de cebada de este muchacho. Aquellas pobres personas estaban hambrientas. Habían estado con Cristo todo el día y no tenían nada que comer. Si se hubieran dispersado como estaban, cansados y hambrientos, muchos de ellos se habrían desmayado o incluso habrían muerto por el camino. Oh, ¡qué daríamos si pudiéramos aliviar la miseria de este mundo! Recuerdo que el conde de Shaftesbury decía: "Me gustaría vivir más tiempo. No puedo soportar salir del mundo mientras haya tanta miseria en él". Ese querido santo de Dios se había entregado a cuidar de los pobres, los desvalidos y los necesitados durante todos sus días.

Tal vez me dirijo a algunos que todavía no han despertado a la idea de que si trajeran su pequeño "todo" a Cristo, Él podría hacer uso de él para aliviar la miseria de muchas conciencias heridas que podrían evitar esa horrible miseria que vendrá sobre las personas si mueren sin perdón y se presentan ante el tribunal de Dios sin un Salvador.

Sí, joven, Dios puede hacer de ti el padre espiritual de muchos. Cuando miro hacia atrás en mi propia historia, poco soñé que cuando abrí mi boca por primera vez para Cristo, de una manera muy humilde, que tendría el honor de llevar a miles a Jesús. ¡Bendito, bendito sea Su nombre! Él tiene la gloria de ello. Pero no puedo dejar de pensar que debe haber algún otro joven -como yo- a quien Él pueda llamar por Su gracia para que le sirva.

Cuando los diáconos de la iglesia de New Park Street me enviaron una carta pidiéndome que fuera a Londres a predicar, la devolví diciéndoles que se habían equivocado, que yo era un muchacho de diecinueve años, feliz viviendo entre un pueblo muy pobre y humilde de Cambridgeshire, que me amaba, y que no podía imaginar que quisieran que predicara en Londres. Pero me devolvieron la carta, diciendo que lo sabían todo y que debía ir. Ah, ¡qué historia ha sido desde entonces de la bondad y la amabilidad del Señor!

No hay que pensar que Dios escoge a todos los mejores y particularmente excepcionales. No es así en la Biblia. Algunos de los que llamó eran personas muy rudas; incluso los primeros apóstoles eran en su mayoría pescadores. Pablo era un hombre culto, pero era como muchas personas de la lista: uno nacido fuera de tiempo (1 Corintios 15:8). Los demás no lo eran, pero Dios los utilizó también. Todavía le agrada a Dios, por medio de las cosas bajas y las que no lo son, hacer fracasar las que sí lo son.

> *Pues considerad, hermanos, vuestro llamamiento; no hubo muchos sabios conforme a la carne, ni muchos poderosos, ni muchos nobles; sino que Dios ha escogido lo necio del mundo, para avergonzar a los sabios; y Dios ha escogido lo débil del mundo, para avergonzar a lo que es fuerte; y lo vil y despreciado del mundo ha escogido Dios; lo que no es, para anular lo que es; para que nadie se jacte delante de Dios* (1 Corintios 1:26-29).

No quiero que tengas un buen concepto de ti mismo; sólo tienes cinco panes, y son de cebada, y de cebada pobre. Tus peces son muy pequeños, y sólo hay dos. No quiero que pienses mucho en ellos, sino que pienses mucho en Cristo. Cree que, quienquiera que seas, si Él pensó que valía la pena comprarte con Su sangre, y está dispuesto a hacer algún uso de ti, seguramente vale la pena que vengas y te lleves a ti mismo y a todo lo que tienes a Aquel que está gentilmente dispuesto a aceptarte. Pon todo en Sus manos y que se diga de ti: Y Jesús tomó los panes. La historia de los panes es que aliviaron una gran cantidad de miseria.

Jesús fue glorificado, pues la gente decía que era un profeta. *La gente entonces, al ver la señal que Jesús había hecho, decía: Verdaderamente este es el Profeta que había de venir al mundo* (Juan 6:14). El milagro de los panes los llevó de vuelta al desierto y al milagro del maná. Recordaron que Moisés había dicho: *Un profeta de en medio de ti, de tus hermanos, como yo, te levantará el Señor tu Dios; a él oiréis* (Deuteronomio 18:15). Anhelaban este Libertador, y a medida que el pan aumentaba, también aumentaba su asombro, hasta que en los panes que se multiplicaban vieron el dedo de Dios. *Este es de verdad ese profeta que debía venir al mundo.*

Aquel niño, con sus panes y peces, se convirtió en el revelador de Cristo a toda la multitud. ¿Quién puede decir, si da sus panes a Cristo, si miles de personas lo reconocerán como el Salvador a causa de ello? En el partimiento del pan se sigue conociendo a Cristo.

Al terminar el banquete, quedaban fragmentos por recoger. Esta es una parte de la historia de los panes: no se perdieron. Se comieron, pero todavía estaban allí. La gente se llenó de ellos, y sin embargo quedaban más que cuando empezó el festín. Cada discípulo tenía una cesta llena para llevarla a los pies de su Maestro.

Entrégate a Cristo, y cuando te hayas usado para su gloria, serás más capaz de servirle que ahora. Encontrarás que tu pequeña provisión crece a medida que la gastas. Recuerda la ilustración de John Bunyan en el Progreso del Peregrino del hombre que tenía un rollo de tela. Lo desenrolló y cortó un poco para los pobres. Luego lo desenrolló y cortó un poco más. Cuanto más lo cortaba, más crecía. John Bunyan escribió: "Había un hombre, y algunos lo tenían por loco; cuanto más daba, más tenía".

Ciertamente es así con el talento y la habilidad, y también con la gracia en el corazón. Cuanto más la usas, más hay de ella. A menudo sucede lo mismo con el oro y la plata: la riqueza de la persona generosa aumenta, mientras que el avaro se empobrece. Tenemos un viejo proverbio que es verdadero y digno de reflexión: "Los pozos extraídos tienen las aguas más dulces". Si sigues extrayendo continuamente de tu mente en y para Cristo, tus pensamientos se harán más dulces. Si sigues recurriendo a Cristo, que es tu fuerza, tu fuerza llegará a ser más poderosa por medio de Dios. Cuanto más hagas, más podrás hacer, por la gracia del siempre bendito.

Sobre estos panes se ha escrito. Hay muchos panes que han ido a la mesa de un rey y sin embargo nunca se ha contado su historia, pero los cinco panes y los dos pececillos de este muchacho llegaron a la Biblia. Si buscas, encontrarás las tortas de cebada en Mateo, en Marcos, en Lucas y en Juan. Para asegurarnos de que nunca olvidemos lo mucho que Dios puede hacer con las cosas pequeñas, esta historia se cuenta cuatro veces, y es el único de los milagros de Cristo que tiene un registro tan abundante.

> Cuanto más hagas, más podrás hacer, por la gracia del siempre bendito.

Pongámoslo a prueba. Ustedes, jóvenes que se han convertido recientemente en seguidores de Jesús, no se tarden demasiado en intentar hacer algo por Cristo. Ustedes que han estado confiando en Cristo por mucho tiempo y nunca han comenzado a trabajar, levántense e intenten algún servicio por Su causa. Los amigos ancianos y los amigos enfermos todavía pueden encontrar algo que hacer. Tal vez al final descubramos que las personas a las que podríamos haber excusado a causa de la enfermedad o la debilidad o la pobreza son las que más han hecho. Esa es, al menos, mi observación. Me parece que, si se hace un trabajo realmente bueno, lo suele hacer alguien que no ha podido salir o alguien que muy legítimamente podría haber dicho: "Por favor, discúlpenme de esto".

¿Cómo es que tantos cristianos capaces y dotados parecen ser tan reacios al servicio del Maestro? Si hay una reunión política, algo sobre los liberales y los conservadores, ¡qué ansiosos están! Todos ustedes están allí, cada uno de ustedes, con respecto a la política, que no vale un centavo al año; pero cuando se trata de que las almas sean salvadas, muchos de ustedes son tan mudos como los peces. Pasan todo el año sin preocuparse ni siquiera por el bienestar espiritual de un niño pequeño.

Uno de nuestros amigos dio una buena respuesta a un hermano que le dijo: "He sido miembro de una iglesia durante cuarenta años. Soy padre espiritual". Le preguntó: "¿Cuántos hijos tienes? ¿Cuántos has traído a Cristo?"

"Bueno", dijo el hombre, "no sé si he traído a alguien a Cristo". A lo que nuestro amigo respondió: "¡Te llamas a ti mismo padre espiritual, y sin embargo no tienes hijos! Creo que es mejor que esperes a ganarte el título".

Lo mismo pienso yo. Sería mejor que no tuviéramos profesores de cristianismo de ese tipo, sino que todos los discípulos del Señor Jesucristo, aunque fueran mucho menos numerosos, fueran hombres y mujeres que estuvieran constantemente dando fruto para Dios en la conversión de otros.

Que el Señor los ponga a todos a trabajar con este propósito.

Charles H. Spurgeon – Una Biografía Breve

Charles Haddon Spurgeon nació el 19 de junio de 1834 en Kelvedon, Essex, Inglaterra. Era uno de los diecisiete hijos de su familia (nueve de los cuales murieron en la infancia). Su padre y su abuelo eran ministros no conformistas en Inglaterra. Debido a las dificultades económicas, Charles, de dieciocho meses, fue enviado a vivir con su abuelo, quien ayudó a enseñarle los caminos de Dios. Más tarde, Charles recordaría haber visto las imágenes de El Progreso del Peregrino y del Libro de los Mártires de Foxe cuando era pequeño.

Charles no tuvo una gran educación formal y nunca fue a la universidad. Sin embargo, leyó mucho a lo largo de su vida, especialmente libros de autores puritanos.

Incluso con padres y abuelos piadosos, el joven Charles se resistió a entregarse a Dios. No fue hasta los quince años que nació de nuevo. Se dirigía a su iglesia habitual, pero cuando una fuerte tormenta de nieve le impidió llegar, se dirigió a una pequeña capilla Metodista Primitiva. Aunque sólo había unas quince personas, el predicador habló de Isaías 45:22: "Volveos a mí y sed salvos, todos los términos de la tierra". Los ojos de Charles Spurgeon fueron abiertos y el Señor convirtió su alma.

Comenzó a asistir a una iglesia bautista y a enseñar en la escuela dominical. Pronto predicó su primer sermón y, a los dieciséis años, se convirtió en el pastor de una pequeña iglesia bautista en Cambridge. La iglesia pronto llegó a tener más de cuatrocientas personas, y Charles Spurgeon, a la edad de diecinueve años, pasó a ser el pastor de la iglesia de New Park Street en Londres. La iglesia pasó de tener unos cientos de asistentes a unos miles. Construyeron una adición a la iglesia, pero todavía necesitaban más espacio para acomodar a la congregación. En 1861 se construyó en Londres el Tabernáculo Metropolitano, con capacidad para más de 5.000 personas. El pastor Spurgeon predicaba el sencillo mensaje de la cruz, y así atrajo a muchas personas que querían escuchar la Palabra de Dios, predicada con el poder del Espíritu Santo.

El 9 de enero de 1856, Charles se casó con Susannah Thompson. Tuvieron dos hijos gemelos, Charles y Thomas. Charles y Susannah se amaron profundamente, incluso en medio de las dificultades y problemas que enfrentaron en la vida, incluyendo problemas de salud. Se ayudaban espiritualmente y a menudo leían juntos los escritos de Jonathan Edwards, Richard Baxter y otros escritores puritanos.

Charles Spurgeon era amigo de todos los cristianos, pero se mantenía firme en las Escrituras, y eso no agradaba a todos los que le escuchaban. Spurgeon creía y predicaba sobre la soberanía de Dios, el cielo y el infierno, el arrepentimiento, el avivamiento, la santidad, la salvación sólo por medio de Jesucristo, y la infalibilidad y necesidad de la Palabra de Dios. Habló contra la mundanalidad y la hipocresía entre los cristianos, y contra el catolicismo romano, el ritualismo y el modernismo.

Una de las mayores controversias en su vida fue conocida como la "Controversia de Degradación". Charles Spurgeon creía que algunos pastores de su tiempo estaban "rebajando" la fe al comprometerse con el mundo o con las nuevas ideas de la época. Dijo que algunos pastores estaban negando la inspiración de la Biblia, la salvación por la fe solamente, y la verdad de la Biblia en otras áreas, como la creación. Muchos pastores que creían en lo que Spurgeon condenaba no estaban contentos con esto, y Spurgeon finalmente renunció a la Unión Bautista.

A pesar de algunas dificultades, Spurgeon llegó a ser conocido como el "Príncipe de los Predicadores". Se opuso a la esclavitud, fundó un seminario para pastores, abrió un orfanato, lideró la ayuda para alimentar y vestir a los pobres, tuvo un fondo de libros para los pastores que no se podían costear los libros, y mucho más.

Charles Spurgeon sigue siendo uno de los predicadores más publicados de la historia. Sus sermones se imprimían cada semana (incluso en los periódicos), y luego los sermones del año se reeditaban como libro al final del año. Los primeros seis volúmenes, de 1855 a 1860, se conocen como "Púlpito de New Park Street", mientras que los siguientes cincuenta y siete volúmenes, de 1861 a 1917 (sus sermones siguieron publicándose mucho después de su muerte), se conocen como el Púlpito del Tabernáculo Metropolitano. También supervisó una publicación mensual de tipo revista llamada La Espada y la Paleta, y Spurgeon escribió muchos libros, incluyendo Conferencias para Mis Alumnos, Toda la Gracia, Alrededor de la Puerta Estrecha, Consejos para Los Buscadores, Charlas de John Ploughman, El Ganador de Almas, Palabras de Consejo, Talonario de Cheques del Banco de la Fe, Mañana y Noche, su autobiografía, y otros, incluyendo algunos comentarios, como su estudio de veinte años sobre los Salmos - El Tesoro de David.

Charles Spurgeon predicaba a menudo diez veces por semana, y se calcula que predicó a diez millones de personas durante su vida. Por lo general, predicaba a partir de una sola página de apuntes y, a menudo, a partir de un simple esquema. Leía unos seis libros a la semana. Durante su vida, leyó El Progreso del Peregrino más de cien veces. Cuando murió, su biblioteca personal constaba de más de 12.000 libros. Sin embargo, la Biblia siempre fue el libro más importante para él.

Spurgeon pudo hacer lo que hizo con el poder del Espíritu Santo de Dios porque siguió su propio consejo: se reunía con Dios todas las mañanas antes de reunirse con los demás, y continuaba en comunión con Dios durante todo el día.

Charles Spurgeon sufría de gota, reumatismo y un poco de depresión entre otras enfermedades. Iba a menudo a Menton, Francia, para recuperarse y descansar. Predicó su último sermón en el Tabernáculo Metropolitano el 7 de junio de 1891 y murió en Francia el 31 de enero de 1892, a la edad de cincuenta y siete años. Fue enterrado en el cementerio de Norwood, en Londres.

Charles Haddon Spurgeon vivió una vida dedicada a Dios. Sus sermones y escritos siguen influyendo en los cristianos de todo el mundo.

También Por Aneko Press

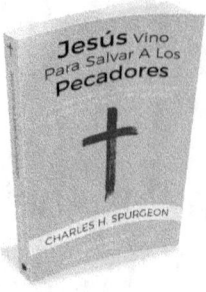

Jesús Vino Para Salvar a los Pecadores,
por Charles H. Spurgeon

Jesús Vino Para salvar a los Pecadores es una conversación de corazón a corazón con el lector. A través de sus páginas, se examina y se trata debidamente cada excusa, cada razón y cada obstáculo para no aceptar a Cristo. Si crees que eres demasiado malo, o si tal vez eres realmente malo y pecas abiertamente o a puerta cerrada, descubrirás que la vida en Cristo también es para ti. Puedes rechazar el mensaje de salvación por la fe, o puedes elegir vivir una vida de pecado después de decir que profesas la fe en Cristo, pero no puedes cambiar la verdad de Dios tal como es, ni para ti ni para los demás. Este libro te lleva al punto de decisión, te corresponde a ti y a tu familia abrazar la verdad, reclamarla como propia y ser genuinamente liberado para ahora y para la eternidad. Ven, y abraza este regalo gratuito de Dios, y vive una vida victoriosa para Él.

Disponible donde se venden libros.

Cómo Estudiar la Biblia, por Dwight L. Moody

No hay ninguna circunstancia en la vida para la que no puedas encontrar alguna palabra de consuelo en las Escrituras. Si estás en aflicción, si estás en adversidad y prueba, hay una promesa para ti. En la alegría y en la tristeza, en la salud y en la enfermedad, en la pobreza y en la riqueza, en toda condición de la vida, Dios tiene una promesa guardada en Su Palabra para ti.

Este libro clásico de Dwight L. Moody trae a la luz la necesidad de estudiar las Escrituras, presenta métodos que ayudan a estimular el entusiasmo por las Escrituras, y ofrece herramientas para ayudarte a comprender los pasajes difíciles de las Escrituras. Para vivir una vida cristiana victoriosa, debes leer y entender lo que Dios te dice. Moody es un maestro en el uso de historias para ilustrar lo que está diciendo, y a través de estas páginas, tú serás inspirado y convencido a buscar la verdad en las páginas de la Palabra de Dios.

Disponible donde se venden libros.

Los Diez Mandamientos, por Dwight L. Moody

Los Diez Mandamientos hoy no son populares. Los ateos no quieren ni verlos. Muchos cristianos dicen que están desactualizados. Sin embargo, Dwight L. Moody nos desafía a mirarlos más de cerca. ¿De cuál de los Diez Mandamientos podemos decir con sinceridad que no es bueno? ¿Cuál de los Diez Mandamientos podemos quebrantar, sin sufrir las consecuencias tanto aquí como en la eternidad?

Este libro te presentará el desafío de examinar las reglas de Dios para la vida. Dios no nos pide nada que sea difícil o ilógico, y por cierto con Jesucristo como fuerza nuestra y con el Espíritu Santo como guía es así. Este libro es una mirada que desafía y refresca algunas de las palabras de Dios más conocidas y antiguas.

Disponible donde se venden libros.

La Vida Vencedora, por Dwight L. Moody

¿Eres de los que vencen? ¿O hay pequeños pecados que te acosan y te derrotan? O peor, ¿fallas en tu anduviera cristiano porque te niegas a admitirlos y ocuparte de ellos? Ningún cristiano puede darse el lujo de desoír el llamado a vencer. El costo terrenal es menor. Pero la recompensa eterna es inconmensurable.

Dwight L. Moody es un maestro en esto de desenterrar lo que nos perturba. Utiliza relatos y sentido del humor para sacar a la luz los principios esenciales de la vida cristiana exitosa. Nos muestra cada uno de los aspectos de la victoria desde un ángulo práctico y fácil de entender. La solución que Moody presenta para nuestros problemas no es la religión, ni las reglas, ni las correcciones externas. Más bien, nos lleva al corazón del asunto y prescribe remedios bíblicos, dados por Dios, para la vida de todo cristiano. Prepárate para vivir en auténtica victoria en el presente, y en el gozo para la eternidad.

Disponible donde se venden libros.

www.ingramcontent.com/pod-product-compliance
Lightning Source LLC
Chambersburg PA
CBHW070143080526
44586CB00015B/1816